EL
TOP
100 DE LOS
Sueños

EL TOP

100 DE LOS

Sueños

¿CUÁLES SON LOS SUEÑOS QUE TODOS COMPARTIMOS Y QUÉ ES LO QUE REALMENTE SIGNIFICAN?

IAN WALLACE

Título original: *The Top 100 Dreams*
Publicado originalmente por Hay House

El top 100 de los sueños
© 2011, Ian Wallace

alamah °

© De esta edición:
Santillana Ediciones Generales, S. A. de C. V., 2012
Av. Río Mixcoac 274, Col. Acacias
México, 03240, D.F. Teléfono 5420 7530
www.librosaguilar.com/mx

ISBN: 978-607-11-1443-3

Primera edición: febrero de 2012

© Adaptación de cubierta: Marian Montesdeoca
© Diseño de interiores: Marian Montesdeoca

Impreso en México

A mamá y papá
por su constante amor e inspiración

Índice

Para todos los soñadores

Desde que era niño me sentí fascinado por los sueños. Uno de mis primeros recuerdos es haber soñado con un tren de vapor atravesando a toda velocidad el campo escocés. El sueño me desconcertó y, habiéndome despertado por la conmoción, mi padre se acercó a mí para consolarme y ayudarme a dormir. Al día siguiente me llevó a un puente que pasaba por encima de una vía férrea. Ahí nos quedamos un momento, él me tomaba de la mano mientras yo me sentía maravillado al ver mi sueño hecho realidad, cuando los trenes pasaban ruidosamente debajo de nosotros. Mi padre era un minero, no un psicólogo, pero tenía instinto para entender ciertos patrones ocultos y para escarbar en las posibilidades que yacen escondidas en la realidad.

El apoyo y la guía de mis padres, me encaminaron por la ruta de exploración de mis sueños y los significados detrás de ellos. Mientras más los estudiaba, más intrigado me sentía por los sueños de otros. Más que analizarlos como un forense, me sentía fascinado por la manera en que las personas actuaban dentro de ellos. Así, desde aquellas primeras exploraciones, he tenido la gran fortuna de trabajar con cientos de personas, a quienes quiero agradecer con todo mi corazón por haber compartido sus sueños conmigo.

En particular, quiero agradecer a todos aquellos soñadores que me ayudaron a entender muchos de mis sueños.

A Rhona, Colin, Mathew, Daniel y Thomas, por el amor y el apoyo que me dieron mientras soñaba con este libro.

Muchas gracias por ayudarme a que este sueño se volviera realidad.

A Neal Slessor, por su coraje y su persistencia en comprender sus sueños y por ser un verdadero amigo que siempre ha estado ahí para mí, sin importar dónde se encuentre.

A Aileen Gibb, por su constante apoyo e inspiración, así como por el fabuloso trabajo que ha hecho al lograr que mucha gente se relacione entre sí a través de la inspiración que les produce pensar en su futuro.

A Keith Massie, por compartir su viaje como líder visionario y por saber cómo lograr hacerse de una pinza para que los sueños se transformen en los tornillos y las tuercas de la realidad.

A Noel Tyl, por ser un psicólogo tan talentoso y por ser un dotado intérprete que me enseñó que, para develar un misterio, primero debemos explorar los enigmas de nuestra historia.

A Mike Powell, por abrirme un espacio en la radio gracias a su empatía, y por permitir acercarme a una audiencia conformada por soñadores.

A Chris Evans, por su apertura y generosidad al invitarme a su programa de televisión; a Helen Thomas y Suzie Dietrich, por organizar mi participación en dicho programa y crear nuevas conexiones entre soñadores.

Finalmente, a Steve Wright, por ser un anfitrión tan entusiasta y por ampliar el espacio para que millones de soñadores podamos entrar en contacto todos los días. También quiero agradecer a Louise Hulland de la BBC, por haberme presentado a Steve.

Acerca de los sueños

MIL MILLONES DE SUEÑOS

Mientras lees estas palabras, un tercio de la población total del mundo se encuentra dormida. Cuando despierten, colectivamente habrán soñado más de mil millones de sueños. Cada una de esas personas tal vez crea que el sueño que acaba de tener es una ocurrencia azarosa que parece única y de cierta manera extraña. Sin embargo, la gran mayoría de estos soñadores habrán experimentado una serie de temas y patrones que son comunes a todos. Estos patrones son visibles desde hace más de diez mil años y son los que conforman la imperecedera estructura de las historias y las creencias de nuestra vida diurna.

Tengo más de 30 años de experiencia como psicólogo de los sueños y durante este tiempo he analizado más de cien mil sueños. Así, a lo largo de este periodo me he dado cuenta de que existen cerca de cien sueños que se repiten constantemente y a los cuales les llamaremos "patrones oníricos". Sin importar su país de origen o su cultura, soñadores de todo el mundo han experimentado estos patrones en sus sueños con admirables similitudes. Desde un policía ruso hasta un chef japonés, un ciclista noruego, una enfermera venezolana, una bailarina de la India hasta un obrero petrolero de Angola; todos, alrededor del mundo, han tenido los mismos patrones oníricos mientras sueñan. Así, se trata de una serie de temas que no son un simple capricho del proceso onírico; sino, más bien, un reflejo profundo de lo que subsiste detrás de los sueños que se están soñando.

Aun cuando creamos que se trata de ocurrencias azarosas que no tienen ninguna importancia, es en realidad lo opuesto. Los sueños no nos suceden, nosotros los hacemos. Cuando soñamos, creamos mundos enteros: desde las brillantes estrellas de una galaxia hasta los surcos de las huellas dactilares de la mano de un amante. Nosotros construimos los elementos de nuestros sueños y estos elementos reflejan la esencia de nuestra vida diurna. Detrás del ajetreo del día a día, siempre buscamos entrever el verdadero propósito y sentido de nuestra existencia.

Los patrones oníricos son universales y son un eco de esta búsqueda. Sin embargo, paradójicamente tendemos a creer que los sueños no tienen importancia ni significado, y que carecen de utilidad. Aun cuando parezca que carecen de sentido, la llave para entender el lenguaje de nuestros sueños no está en sólo saber identificar los símbolos que hay en ellos, sino en ser capaces de comprender los patrones oníricos que creamos al momento de soñar. Aislado del resto, un símbolo puede parecer irrelevante, pero unido a al patrón que rige al sueño, adquiere sentido. Cuando damos un paso atrás y somos capaces de mirar los patrones oníricos, empezamos a ver más allá de lo evidente, tanto de nuestros sueños como de nuestra vida diurna.

Los cien sueños descritos en este libro ejemplifican la mayoría de los patrones oníricos que todos hemos experimentado. Además, revelan su significado. Estos patrones serán reconocibles para la mayoría de las personas y contienen una apreciación inmediata del significado y el mensaje de un sueño en particular. Más que identificar los símbolos y tratar de relacionarlos entre sí, se trata de saber identificar un patrón, conocer su significado y aplicarlo a las circunstancias de cada uno. El aspecto psicológico y el contexto cultural también forman parte del patrón onírico; por su parte, las acciones que se sugieren en el libro están ahí para ayudarte a aprovechar al máximo tus sueños.

DESEOS Y ASPIRACIONES

Aun cuando tu vida nocturna y tu vida diurna puedan parecer dos realidades diferentes, tus sueños reflejan patrones fundamentales de tu vida cotidiana. En general, la palabra "sueño" se usa en dos sentidos: tanto para referirse a las aventuras que experimentamos mientras dormimos, como para nuestros deseos y aspiraciones. Incluso cuando parezca que no existe relación entre tus sueños nocturnos y tus deseos y aspiraciones, ambos son motivados por un nivel superior de conciencia que todos poseemos: un elemento de autodescubrimiento inherente al ser humano, al que se llama "conocimiento inconsciente".

Usualmente, solemos dar la connotación de "inconsciente" a aquello que se olvida; sin embargo, el conocimiento inconsciente es toda la información y experiencias que sin darte cuenta, estás asimilando. Como ser humano racional que eres, tiendes a filtrar toda esta información mientras estás despierto; después es posible encontrarla mientras duermes. Aun cuando el inconsciente es un área de ti mismo de la que comúnmente te percatas, contiene todas tus experiencias pasadas y futuras, por lo cual tiene un inmenso valor para potenciar tu vida y descubrir el verdadero propósito de tu existencia.

Los sueños que creas mientras duermes son historias que expresan lo que hay en tu inconsciente y que reflejan lo que consideras más importante en tu vida diurna. Estas historias son el lenguaje natural de tu inconsciente y contienen una profunda sabiduría y un conocimiento mucho más amplio del que tu ser consciente puede alcanzar. Por todo el mundo, las personas están creando inconscientemente las mismas historias una y otra vez, respondiendo preguntas que ni siquiera son conscientes de haber formulado; preguntas del tipo: ¿Cómo puedo cambiar mi vida? ¿Por qué siempre me enamoro de la persona equivocada? ¿Por qué nadie reconoce de lo que soy capaz?

Constantemente tus sueños dan respuesta a estas preguntas. Sin embargo, aun cuando uno puede quedar fascinado por el sueño y su historia, es importante tener en cuenta que ningún sueño es posible si antes no existe alguien que lo sueñe: un soñador. Mediante tus sueños, expresas tu manera de pensar e iluminas a la persona que realmente eres, a tus verdaderas necesidades y creencias. En lugar de esperar que haya alguien o algo que pueda sanarte, tu inconsciente sabe que tú eres un todo y que posees lo que te hace falta, lo único que necesitas es explorarte con mayor profundidad. Al explorar tus sueños puedes convertirte en tu psicólogo, y guiarte hacia la plenitud por medio del conocimiento de tu inconsciente.

Como tus sueños nocturnos, tu vida cotidiana puede parecer una serie inconexa de azarosos incidentes que llenan las horas y que te impiden alcanzar tus verdaderas aspiraciones. Las presiones y las demandas de la vida pueden hacerte sentir cada vez más alejado de tus mayores deseos, así como producirte una enorme frustración al no ser capaz de satisfacer tus necesidades y de alcanzar tu verdadero potencial. Al estar más atento de tus sueños y de cómo al crearlos expresas tu conocimiento inconsciente, puedes convertir tus sueños en una realidad y experimentarlos en tu vida diurna, en lugar de seguir buscando maneras para alcanzarlos.

BRILLAR Y BUSCAR

En un principio puede parecer que sólo es posible encontrar las historias de tu inconsciente cuando sueñas dormido. Cada noche te sumerges en distintos mundos que creas sin ningún esfuerzo, hasta que el despertador suena y te empuja precipitadamente hacia el mundo de la realidad. Pero tu capacidad para seguir soñando no se detiene cuando suena el despertador, tu inconsciente sigue despierto, aunque no logres percibirlo. En la medida en que estés atento de que tu inconsciente brilla a tu alrededor, serás capaz de alumbrar todo tipo de misterios, incluso cuando lo que descubras sea complejo y confuso.

Puede ser que creas que es más fácil ignorar la expansión de tu inconsciente, descartando su ambigua riqueza y poniendo atención sólo en aquello que definitivamente puedes ver y de lo que eres consciente. De cualquier modo, aunque intentes encerrar a tu inconsciente, éste seguirá encontrando la manera de mostrarte, por lo menos, un destello de la película completa. Es como si por un momento la televisión no respondiera y se quedara pasmada en el mismo canal, transmitiendo tu programa favorito. Es común que estos destellos accidentales puedan parecer llenos de significado y es muy fácil obsesionarse tratando de descifrarlos. La manera más sencilla y natural de hacerlo es buscando comprender las historias que creas mientras sueñas dormido.

Y más que tratar de entender estos destellos usando el lenguaje de los sueños, es común tratar de analizarlos por medio de la razón y la conciencia. Esta racionalización puede estrechar lo que de otro modo podría convertirse en una comprensión más amplia, como si se quisiera comprender al mundo encerrado en casa mirando hacia afuera a través de la mirilla de la puerta, en lugar de abrir y dar un paso hacia adelante. Puede ser que parezca más fácil quedarse adentro, resguardado por la aparente seguridad de la lógica y la objetividad. Sin embargo, esto impide entrar de lleno a la sabiduría contenida en los sueños. De cualquier modo, hay quienes, si deciden dar un paso adelante para acceder al conocimiento de su inconsciente y logran ampliar su comprensión de la realidad, son capaces de hacer descubrimientos muy profundos acerca de sí mismos y del mundo que los rodea.

En 1895, Albert Einstein soñó que descendía por una colina llena de nieve en pleno amanecer. Luego, ese sueño lo inspiró para concebir la Teoría de la Relatividad. Tiempo después él declaró que "el don de soñar ha significado más para mí que toda mi capacidad para absorber conocimientos". Al usar sus visiones oníricas para expandir su comprensión de la realidad, Einstein se convirtió en un visionario. Así como él, otros visionarios abiertos a las historias de su inconsciente han soñado la gran mayoría de los avances científicos y tecnológicos con que contamos.

Orville y Wilbur Wright acostumbraban soñar con bicicletas voladoras e hicieron realidad sus sueños en el arenoso desierto de Kitty Hawk, lugar donde despegaron con el primer aeroplano. El ganador del premio Nobel, Neils Bohr, desarrolló su modelo del átomo gracias a un sueño vívido en el cual él estaba sentado en el Sol y los demás planetas giraban a su alrededor en distintas órbitas. El químico Frederich Kekulé descubrió la estructura del benceno gracias a un sueño. Después, urgió a sus colegas para que "aprendieran a soñar".

LA PERSONALIDAD EN LOS SUEÑOS
Conforme expandas el espectro de la luz de tu inconsciente a tu alrededor, comprenderás que no se trata de una búsque-

da azarosa, sino que buscas algo realmente importante para ti. A pesar de las distracciones y las ambigüedades, conforme intentas saber quién eres en realidad, estás en la búsqueda de ti mismo, de tu propio reflejo. Tu verdadera identidad raras veces se deja ver; sin embargo, puedes encontrarla instintivamente en las situaciones que demuestran cómo eres. Los mejores espejos para encontrarte a ti mismo son las personas que te rodean. Inconscientemente, al mirar lo que ellas reflejan de ti, puedes echar luz sobre ciertas características de ti mismo.

Aun cuando parezca más lógico que pienses en ti como un individuo, así como apareces descrito en tu pasaporte o en la tarjeta que amarras a tu equipaje en caso de extravío, lo cierto es que cada persona se compone de distintas personalidades. Éstas aparecen en diferentes momentos, según lo que estés haciendo o en donde estés. A veces, estos cambios de personalidad pueden pasar desapercibidos pero conforme transcurren las horas te puedes dar cuenta de cómo en un mismo día fuiste primero el esposo o la esposa, luego el padre o la madre, hasta llegar a transformarte en la personalidad que asumes cada vez que llegas a la oficina. Otras veces, asumes personalidades que te sorprenden pues te son extrañas. Entonces acostumbras decirte a ti mismo cosas como: "No sé en qué estaba pensando para hacer eso", "simplemente no era yo".

Puedes intentar hacer caso omiso de tus diferentes personalidades pero éstas surgirán en tus sueños. Los personajes que aparecen en ellos develan aspectos de ti mismo y los construyes a partir de la convivencia con otras personas que poseen esos aspectos. Si llegara a suceder que no conoces a nadie que refleje cierta característica tuya que necesitas expresar, simplemente lo inventas combinando elementos de personas que sí conoces y que inconscientemente has estado observando. Este tipo de personajes inventados te pueden dar pistas para entender una situación que difícilmente puedes comprender conscientemente.

Por otro lado, el comportamiento de estos personajes en los sueños te indica el tipo de relación que estás estableciendo con esa característica tuya que el personaje refleja. Por ejemplo, cuando sueñas con el ser amado estás revelando las características más profundas e inefables de ti mismo. Cuando se está en una relación amorosa muy fuerte es difícil saber distinguir dónde termina uno y dónde empieza el otro. Cuando uno se separa del ser amado por cierto tiempo, empieza a sentir que le hace falta una parte de sí mismo. En los sueños, el personaje del ser amado nos ayuda a comprender qué significa realmente el otro para nosotros, y cómo es que nos enriquece e inspira día con día.

Algunos de los personajes más comunes en los sueños pueden ser figuras públicas o celebridades. Incluso cuando no las conozcas personalmente, es posible que creas conocerlos íntimamente gracias a sus apariciones en los medios. Es usual que las celebridades simbolicen ciertas habilidades o logros, y su aparición en tus sueños puede significar un aspecto único e invaluable de ti mismo que está esperando ser descubierto. Antes de la aparición de la televisión, nuestros antepasados hacían uso de un amplio repertorio de dioses y diosas para expresar dichas habilidades.

LOS ANIMALES EN LOS SUEÑOS

Así como tú eres el creador de todas las personas que habitan en tus sueños, así también eres responsable de todas las criaturas que se involucran en tus aventuras nocturnas. En los sueños, los animales representan tus instintos y tu naturaleza más primitiva. Aun cuando los seres humanos nos consideremos una especie más elevada, lo cierto es que habitamos cuerpos de carne, y tenemos instintos e impulsos animales, que muchas veces parecen inadecuados e incivilizados. A pesar de que nuestra naturaleza instintiva pueda parecer peligrosa e incontrolable, los animales que aparecen en nuestros sueños poseen una sabiduría innata a la cual es casi imposible acceder por medio de la razón y la lógica.

Los animales de nuestros sueños reflejan poderes ocultos. Algunos de los primeros sueños de los que se tiene registro se pueden encontrar en las pinturas rupestres de Chauvet-Pont-d'Arc, en el sur de Francia, que datan de hace 30 mil años. Prácticamente todas las culturas de la historia han desarrollado una serie de creencias alrededor de los poderes que encarnan los animales. Por ejemplo, los egipcios consideraban que los gatos eran divinos y los pueblos americanos hacían uso de animales para representar tótems. En muchas sociedades, los animales que se consideran poseedores de ciertos poderes siguen siendo utilizados por los chamanes como un medio para entrar en contacto con el conocimiento intuitivo, se les considera un canal entre el plano de lo consciente y el de lo inconsciente.

En nuestros sueños, creamos un amplio rango de animales, que pueden ir desde las criaturas más monstruosas hasta una tierna y leal mascota. En su caso, las mascotas representan las partes de tu naturaleza instintiva con las que te sientes a gusto, mientras que los animales salvajes revelan esas partes de ti que no quieres o no puedes ver. Incluso cuando vivimos muy alejados de las tradiciones chamánicas, permanecemos cerca de nuestro espíritu animal al domesticar animales, al darles nombre y tratarlos como si formaran parte de nuestra familia. De niños, dotábamos a nuestras mascotas de cualidades mágicas, y algunos de nuestros más entrañables compañeros eran tótems en la forma de osos de peluche y demás juguetes con los que solíamos acurrucarnos.

La mayor parte de las historias que oíamos entonces, estaban habitadas principalmente por animales. En este sentido, gran parte de los primeros sonidos que aprendemos a emular son sonidos de animales, con los cuales expresamos inconscientemente nuestra parte instintiva y animal. Por medio de maullidos o mugidos identificamos a los personajes de las historias que nos cuentan, en las cuales casi siempre aparecen animales que pueden hablar. Ya adultos, continuamos estableciendo una conexión con nuestra naturaleza animal por medio de nuestros sueños, en los cuales podemos crear animales fantásticos que poseen habla y que muchas veces pueden ser mitad animal y mitad hombre. Muchas veces estas criaturas fantásticas pueden salir de nuestros sueños y aparecer en los mitos y las leyendas en forma de esfinges, hombres lobo o Winnie Pooh.

A pesar de que exista una presión social para dominar nuestros instintos, reprimir nuestra naturaleza animal puede producirnos estrés y generar enfermedades. A veces, los animales que aparecen en nuestros sueños nos muestran partes del cuerpo que necesitan cuidado y atención. Como los chamanes, la medicina hace uso de animales para representar sus poderes curativos. Aun quienes practican la medicina occidental se representan a sí mismos con el símbolo de la serpiente enroscada en la vara de Asclepio. No importa cuánto tratemos de domesticar nuestros instintos, los animales de los sueños seguirán rugiendo y andando en nuestro inconsciente para inspirarnos y empoderarnos.

LAS SITUACIONES DE LOS SUEÑOS

Los personajes y las criaturas de tus sueños generan la mayor parte de la acción que experimentas conforme el sueño se desdobla en una serie de situaciones como si se tratara de una puesta en escena. Una de las frases más usadas al momento de narrar un sueño es "y entonces", que aparece continuamente hasta que el sueño concluye con el típico "y entonces desperté". Estos "y entonces" marcan eventos significativos de tus sueños y te ayudan a dar continuidad a la historia que soñaste. La manera en que te relacionas con otros personajes durante estos eventos puede indicar la trama que el inconsciente está haciendo de tu propia historia. Aunque al principio parezca que esta sucesión de situaciones es única, lo cierto es que usualmente se desarrolla a partir de los mismos temas. Esta serie de situaciones que experimentamos en los sueños son universales y le han dado forma a la mayor parte de los mitos y leyendas más significativos de la historia humana. Joseph Campbell, antropólogo estadounidense cuyo trabajo inspiró a George Lucas para crear *La guerra de las galaxias*, estudió miles de mitos y sueños de un centenar de culturas alrededor del mundo. A partir de ese estudio, logró identificar una misma estructura que se repetía en cada uno de los mitos y sueños analizados. Esta estructura mítica nos impacta profundamente porque tiene el poder de reflejar nuestra historia.

Las tres situaciones fundamentales de las historias de nuestros sueños se desarrollan en una secuencia que empieza con responder a un llamado a la acción (una invitación a hacer algo), seguida de la toma de una decisión trascendental y del establecimiento de un compromiso, y finalmente acompañada por la realización triunfal de un poder que yacía oculto dentro de nosotros mismos. Como todas las grandes historias de la literatura universal, solemos entrar a nuestros sueños un poco antes del llamado a la acción. En una obra de teatro, a esta etapa se le llamaría primer acto, o lo que los guionistas de Hollywood llaman "planteamiento", salpicado con un poco de "antecedentes". El llamado a la acción conduce al segundo acto, que usualmente constituye la parte principal de la historia. Conforme nos aventuramos en la trama, nos vemos en la necesidad de tomar una difícil decisión, la cual establece el principio de la segunda mitad del segundo acto.

Comúnmente huímos antes de tomar esta decisión, pero si decidimos seguir adelante para establecer un compromiso con nosotros mismos nos veremos atravesando el segundo acto para enfrentar retos aún más grandes. Conforme estos retos se presenten, estaremos irrumpiendo en el tercer acto, donde finalmente resolveremos el conflicto que en un principio nos llamó a la acción. Al momento en que se cierra el telón (o cuando aparecen los créditos) comprendemos que la historia que acabamos de presenciar nos da un conocimiento más profundo de nuestras capacidades, tanto en el sueño como en la vida diurna.

Esta secuencia de situaciones puede identificarse en prácticamente todas las obras clásicas y en las películas.

LOS LUGARES EN LOS SUEÑOS

Los personajes de tus sueños actúan los hechos de la historia en una infinita cantidad de lugares que tú creas para ellos. Estos paisajes revelan tu mundo interior y reflejan el lugar que crees que estás ocupando en tu vida diurna. A veces, estos lugares te son familiares y usualmente evocan espacios que guardan muchos recuerdos, por ejemplo la casa donde pasaste tu infancia o un salón de clases al que ibas cuando eras niño. Otras veces, estos lugares te son extraños y su razón de ser es motivarte a que explores diferentes posibilidades y cualidades de las que puedes hacer uso en tu vida diurna. Conforme te internas en los lugares que aparecen en tus sueños estás explorando maneras de llegar al sitio en el que quieres estar en tu vida.

Cuando sueñas que estás adentro de una construcción, algo así como una casa o una oficina, entonces estás examinando tu personalidad y el potencial del que te sabes poseedor. Soñar con lugares abiertos significa que estás considerando lo que hay detrás de tus circunstancias inmediatas y de cómo puedes explorar las posibilidades subyacentes. Los contextos urbanos, así como ciudades o pueblos, representan el complejo entramado de conocimientos y experiencias con los que has construido tu vida. Los parajes rurales o silvestres evocan a tu naturaleza más expansiva y oportunista. Viajar a lugares distantes muestra que te enfrentas a circunstancias inusuales.

El lenguaje que utilizamos en la vida cotidiana, es un eco del conocimiento inconsciente que tenemos de nuestra vida interior. Cuando queremos decir que algo requiere un gran esfuerzo decimos que tenemos que "escalar una montaña", lo cual generalmente produce una situación de reto, o de tensión cuando afirmamos "andar en la cuerda floja". Cuando nos obsesionamos por los detalles y no somos capaces de ver más allá de nuestra nariz, decimos que "no podemos distinguir entre los árboles y el bosque". Aunque vivamos a miles de kilómetros del mar, nos escuchamos pronunciar frases como "las aguas están en calma". Cuando trabajamos en algo en lo que nos sentimos cómodos decimos que nos sentimos "como en casa".

Conforme pongas atención a tu inconsciente, descubrirás que en algunas ocasiones te encontrarás con lugares de la vida real que son muy semejantes a los lugares de tu mundo interior. Esto puede producir que sientas una conexión muy profunda por ciertos lugares, los cuales se pueden convertir en espacios muy inspiradores para ti. A su vez, ciertos lugares pueden reflejar los mundos interiores de un grupo de personas; con el tiempo, estos sitios se convierten en lugares míticos que adquieren enorme importancia pues reflejan la vida interior de muchos otros. Algunos podrán construir templos o santuarios en estos sitios para celebrar su existencia, mientras que otros preferirán congregarse en estadios o canchas deportivas.

El conocimiento inconsciente de quién eres en realidad está vinculado con la apreciación de dónde te encuentras y la comprensión del lugar al que quieres llegar. Todas las culturas tienen tierras prometidas: Shangri-La, Shambala, Hyperborea, Utopía, etcétera. Cuando ves a una persona sentándose en su escritorio o caminando por la calle, quizá notes en su mirada un cierto destello, como si inconscientemente estuviera vagando libremente en el lugar de sus sueños. Aunque esos destinos no puedan ubicarse en un mapa o no se tengan las coordenadas para ubicarlos por GPS, existen realmente en nuestro inconsciente y son lugares donde podemos llegar a ser nosotros mismos.

OBJETOS EN LOS SUEÑOS

Así como los personajes, las situaciones y los lugares, también creas los objetos que aparecen en tus sueños. Éstos, representan las herramientas y los recursos con los que cuentas en tu vida diaria y, como todo en los sueños, tienen un significado más profundo que el de su utilidad en la rutina diurna. Los objetos que aparecen en tus sueños están dotados de un significado que supera sus características físicas y son instrumentos con propiedades casi mágicas. En sí mismo, el objeto no es mágico, se vuelve mágico en la medida en que logre reflejar el conocimiento de tu inconsciente.

Por cientos de miles de años los seres humanos hemos intentado comprender qué representan estos objetos tanto en nuestros sueños como en nuestra vida diaria y, generalmente, lo hacemos usando la lógica. Sin saber que así se pierde la mayor parte de su significado, el cual es posible apreciar sólo desde una mirada más instintiva. Es imposible describir lo que nos parece irracional por medio del lenguaje de la lógica; por eso todas las culturas y todos los credos han desarrollado símbolos, como una manera objetiva para definir lo que por naturaleza es indefinible. Un símbolo es una representación tangible de un significado intangible que no puede ser completamente expresado por nuestra conciencia.

Los objetos de los sueños adquieren valor simbólico a través del conocimiento inconsciente del significado que tienen. Pueden parecer un concepto abstracto, pero los símbolos están a nuestro alrededor todo el tiempo, desde los logos de las marcas y las corporaciones, los iconos de las computadoras, hasta los colores de los equipos deportivos o la iconografía religiosa. Nuestros ancestros se comunicaban por medio de símbolos aun antes de que desarrollara el habla, incluso antes de que aparecieran las lenguas, los símbolos nos han ayudado a expresar nuestros más profundos sentimientos. Así, los objetos de nuestros sueños nos ayudan a decir eso que no podemos poner en palabras; no se trata de simples sustitutos, sino de un medio para establecer una conexión con lo que nos trasciende.

La palabra "símbolo" proviene del griego "*symbolon*" que era dado a un objeto, generalmente una moneda o un hueso, que podía partirse a la mitad para repartirlo entre dos personas. Éstas podían cotejar la identidad del otro al unir ambas mitades y formar un todo. Era un método confiable para reconocer a quienes salían del núcleo familiar conocido. Más que un valor material, la posibilidad de relacionar a alguien con algo que está más allá de sí mismo, le da al símbolo su significado y su valor.

En el mundo moderno, los objetos que tienen la capacidad de conectarnos con algo que está más allá de nosotros mismos son a los que les damos un valor simbólico. Estos pueden representar nuestras creencias o nuestra fe. Por ejemplo, los teléfonos celulares son objetos que se integran a nuestros sueños, les otorgamos un enorme valor ya que nos comunican con otras personas. En este sentido, los teléfonos móviles tienen el potencial de brindarnos una comprensión más amplia del ser, lo que los ha vuelto objetos ubicuos y necesarios. De esta manera, los objetos que aparecen en nuestros sueños nos conectan inconscientemente con un plano mucho más trascendente y nuestra naturaleza humana nos exige que exploremos estas conexiones.

EL LENGUAJE DE LOS SUEÑOS
Las imágenes y los símbolos que creamos en nuestros sueños nos transportan a un plano que nos trasciende, y permiten transmitirles nuestros sueños a otras personas. Los antiguos griegos nos heredaron la palabra "metáfora", que significa "transferir la cualidad de una cosa a otra". Aristóteles señaló que "los mejores intérpretes de los sueños son quienes tienen la facultad de observar las semejanzas". De esta manera ubicó el tono metafórico que tienen los sueños y su capacidad para hacer similitudes y transferencias de signifi-

cados. Artemidoro, filósofo griego autor de la *Oneirocrítica* (*La interpretación de los sueños*), el primer diccionario moderno, señaló que "la interpretación de los sueños es simplemente la yuxtaposición de similitudes".

La metáfora es un lenguaje ancestral del reino de nuestro imaginario que, aunque lo hablemos, a veces puede parecernos una lengua extranjera aprendida en la escuela, que ya olvidamos. Sin embargo, es común que en el habla cotidiana nos sorprendamos usando metáforas de manera inconsciente. Aunque parezca que no tiene relevancia usar expresiones como "con el agua en el cuello", "es pan comido", "en el mismo barco" o "patadas de ahogado", estas expresiones figurativas del habla cobran sentido una vez que te fijas en ellas y piensas en su significado.

Las imágenes que aparecen en los sueños no son azarosas y describen los parajes en los que ocurren nuestras aventuras oníricas. Cuando hablamos, hacemos uso de la cualidad sólida de la tierra para decir cosas como "bajar a tierra", "un sólido esfuerzo" o "bien plantado en la tierra". Asimismo, el cielo suele simbolizar ideas de claridad, ligereza y amplitud: "Claro como el cielo", "echar a volar" o "dispararle al cielo". El agua simboliza emociones y experiencias: "Un mar de lágrimas", "con el agua en el cuello", "ahogarse en un vaso de agua". El fuego y la luz representan la creatividad y la pasión: "Un ardiente deseo", "se me prendió el foco".

Incluso cuando hacemos uso del vocabulario cotidiano o de la escritura para describir nuestros sueños, las palabras se transforman en imágenes conforme buscamos expresarnos con mayor profundidad. Generalmente en los sueños aparecen los juegos de palabras cuando nos encontramos ante una imagen significativa que queda acuñada en una frase. Este juego de palabras se conoce como "homofonía", y explica el uso de dos palabras que, aunque suenan igual, tienen significados distintos. Por ejemplo, muchas celebridades han afirmado soñar que están rodando una película con Faye Dunaway. Este hecho no es un simple capricho, sino una expresión de angustia sobre el futuro de su carrera, cuyo fin temen.[*]

La mayoría de las culturas cuentan con el mito de la existencia de una lengua originaria y única que existió antes de que naciera el resto de las lenguas que se hablan alrededor del mundo. El mito más conocido al respecto es el de la Torre de Babel, cuando todos los seres humanos se podían comunicar en la misma lengua antes de dispersarse a lo largo y ancho de la Tierra, donde finalmente se desarrollaron el resto de las lenguas. Más allá de la veracidad del mito, la imagen metafórica sigue siendo el lenguaje universal de los seres humanos, el cual se vale de símbolos y metáforas. Cada vez que usas una frase metafórica, haces uso del lenguaje de los sueños.

LAS HISTORIAS EN LOS SUEÑOS

Instintivamente, hacemos uso de imágenes metafóricas para crear nuestros sueños. A su vez, conforme tejemos el entramado de un sueño, los símbolos se unen en patrones cada vez más complejos. Estos patrones son elementos primarios de los que hacemos uso para tratar de explicarnos a nosotros mismos y al mundo en el que vivimos, y son lo que comúnmente llamamos historias. Cuando no entendemos algo que nos ocurre en nuestra vida cotidiana, tratamos de encontrar los elementos más

---

[*] Juego de palabras intraducible entre el nombre de la actriz Faye Dunaway y la expresión *fade away*, esfumarse, desaparecer. (N. del T.)

significativos de la situación y se los relatamos a otras personas como si les estuviéramos contando una historia. Asimismo, cuando queremos entender la complejidad de una situación solemos preguntar: "¿Qué pasó?". Por su parte, cuando creemos que los patrones que logramos apreciar no tienen sentido, decimos que las cosas "están muy enredadas".

Aun cuando los sueños puedan parecer ilusorios y efímeros, gran parte de la mejor literatura que se ha escrito en todos los tiempos son obras que se inspiran en la exploración que han hecho sus autores de los conocimientos que yacen ocultos en su inconsciente. James Joyce, autor irlandés que es considerado uno de los más grandes escritores de la literatura universal, desarrolló un estilo narrativo que paradójicamente se denominó "hilo de la conciencia", aunque hubiera sido más atinado llamarlo "hilo del inconsciente". Una de sus obras más importantes, *Ulises,* es la transcripción de los pensamientos inconscientes de un personaje, agrupados en una estructura mítica basada en el poema épico la *Odisea,* de Homero. Después, Joyce siguió explorando el recurso narrativo del "hilo del inconsciente" en *Finnegan's Wake,* donde las imágenes oníricas y las homofonías están mucho más presentes.

William Shakespeare, otro de los grandes escritores de la literatura universal, solía utilizar sus sueños para obtener material que luego transportaba a sus obras, con el fin de hacerlas mucho más poderosas y elocuentes. Por eso, muchas de sus obras parecen ser la dramatización de un sueño, empezando por los sueños y los vaticinios de sus primeras creaciones, como *Enrique VI* o *Ricardo III,* hasta el uso continuo de imágenes oníricas en la escena de la daga de *Macbeth* o en la escena del beso de Julieta en *Romeo y Julieta.* Así como Shakespeare utilizó sus sueños para construir las tramas de sus obras, así también los utilizó para hacer los lugares en los que éstas ocurren. Tal es el caso del bosque bohemio en *El cuento de invierno,* la isla de Próspero en *La tempestad* o el mundo maravilloso de *Sueño de una noche de verano.*

William Shakespeare y James Joyce son laureados escritores y se les considera gigantes de la literatura universal pero, así como ellos lo eran en su vida diurna, todos nosotros somos grandes narradores y dramaturgos en nuestros sueños. Los sueños son como poesía que hacemos de manera involuntaria y en los que no nos limitamos a describir espacios sino en los que, además, utilizamos imágenes metafóricas para construirlos. Las historias que creamos en nuestros sueños son un medio con el que podemos conectarnos con una realidad que nos trasciende, de modo que nuestra vida cotidiana y nuestro mundo interior puedan comunicarse. Al relacionar fragmentos de experiencias, creamos patrones cada vez más significativos con los que nuestro inconsciente es capaz de construir las historias más importantes de nuestras vidas.

Así como nuestros patrones oníricos, las historias que nos contamos mientras estamos despiertos siguen casi siempre un número muy reducido de estructuras fundamentales. Los relatos modernos que más nos impactan son comúnmente adaptaciones de viejas historias. Por ejemplo, *Tiburón,* de Steven Spielberg, está basado en una novela de Peter Bencheley, la cual tiene múltiples semejanzas con *Beowulf,* poema épico de la literatura anglosajona que data de hace 1200 años y que tiene lugar en el palacio costero de Heorot, el cual se ve asolado por los asaltos nocturnos del monstruo marino Grendel. Así, las historias de nuestros sueños conectan a nuestra vida cotidiana con una realidad que nos trasciende y la cual sienta las bases de todo el arte, la psicología, la espiritualidad y la mitología.

LA MITOLOGÍA Y LOS SUEÑOS

En la actualidad, un mito es considerado como una creencia insustancial y sin relevancia. Es común que, al referirnos a algo que consideramos falso o poco realista digamos que se trata de un mito o de un sueño. Sin embargo, esta concepción nos aleja de experiencias más trascendentes. Los mitos no son relatos sin importancia y más bien se trata de un marco con el que podemos encuadrar y darle sentido y relevancia a nuestras vidas. Aun cuando los mitos puedan parecer extraños o irrelevantes en la actualidad, se trata de historias que fueron creadas a partir de la exploración de nuestra psique.

En este sentido, las historias de los mitos son la base de la psicología moderna y de los estudios del comportamiento. Aunque pueda parecer que en ellos sólo aparecen dioses y diosas, así como criaturas fantásticas y eventos maravillosos, los mitos describen los patrones fundamentales del comportamiento humano. Y aunque en apariencia un mito describe un hecho en particular, en realidad cuenta la historia de una experiencia que nos es común a todos. Estos patrones, que han sido relatados una y otra vez por la mitología, son los mismos patrones que puedes alumbrar y descubrir haciendo uso de los conocimientos del inconsciente. Hacemos uso de estos patrones para entrar en contacto con un plano más trascendente en el cual podamos darle sentido a nuestras vidas.

A pesar de que pueda parecer que la mitología es un conjunto de historias viejas que no tienen ninguna relación con nuestra vida moderna, lo cierto es que es posible seguir encontrando mitos y leyendas en el presente. Desde las telenovelas hasta las películas, la mitología sigue explicando las conductas que asumimos en la vida diaria. Gran parte de los relatos de nuestra cultura, desde la simplicidad de los cuentos de hadas hasta la complejidad de los poemas épicos, son un medio para incorporar los patrones de conducta que se describen en ellos como parte de nuestras historias individuales. De esta manera, cada quien es poseedor de una mitología personal mediante la cual es posible encontrar un instrumento que facilite la comprensión de esos patrones que, aun cuando puedan parecer ilógicos o absurdos, nos animan a dar un paso hacia lo desconocido para rebasar los límites de lo que nos es familiar.

Conforme el pensamiento científico y las instituciones religiosas se han vuelto dogmáticas, hemos también perdido contacto con nuestra mitología propia. Sin embargo, así como los sueños, nuestra mitología personal es una construcción creativa que nos permite trascender los límites de la racionalidad para usar la imaginación en toda su capacidad. Comprender que los mitos no son relatos de hechos verdaderos sino modelos de comportamiento humano, nos permite usarlos para explorar los poderes de nuestra imaginación. Nuestros sueños cumplen con la misma función que cumplen los mitos a nivel colectivo, pero a nivel personal nos ayudan a reconocer la riqueza y la complejidad de lo que nos ocurre día con día.

Tomar conciencia de tu mitología individual te permite ser consciente de los diferentes papeles e identidades que asumes en los dramas de tu vida cotidiana. Tu mitología personal te puede servir de orientación, así como para comprender dónde te encuentras y hacia dónde te diriges en el camino de la vida, como si se tratara de una aventura. Para un ser humano tener una existencia mítica es tan importante como tener una existencia física, ya que tu mitología personal encuadra todo aquello que yace detrás de la cotidianidad. Tus sueños son tu mitología personal y los mitos son los sueños de la humanidad.

LA PSICOLOGÍA Y LOS SUEÑOS

Cuando se explora el mundo de los sueños es común quedarse fascinado por los sueños mismos y olvidarse de la persona que los está creando: el soñador. Para comprender realmente los significados y los mensajes que hay en los sueños, es necesario entender los patrones de comportamiento del soñador. La psicología es el estudio del comportamiento humano y va mucho más allá de la pura conciencia o la manifestación física de lo que implica ser humano. Aunque los estudios psicológicos pueden parecer complejos y, a veces, contradictorios, las bases de la psicología se sustentan en tres preguntas: ¿Quién eres? ¿Qué necesitas? ¿En qué crees?

¿Quién eres? Es el primer aspecto que generalmente se refleja en los personajes que creas en tus sueños. Desde una perspectiva psicológica, la identidad siempre está asociada con la acción, así que, mientras más consciente seas de tus características, más fácil te será lograr tus ambiciones. Así como los personajes que creas, los sueños que tienden a reflejar quién eres son aquéllos en los que debes tomar algún tipo de decisión. Asimismo, en los sueños identitarios suelen aparecer edificios, que son una representación de ti mismo y de los demás, y en casi todos hay barreras u obstáculos, los cuales representan tus límites personales. Saber reconocer tus identidades te permite tomar las decisiones adecuadas y seguir mejores cursos de acción.

¿Qué necesitas? Este punto adquiere nitidez y significado en las historias de tus sueños. Tus necesidades generalmente reflejan las cosas a las que les concedes mayor valor, así que, sea lo que sea aquello que te impulsa en tus sueños, indica cuáles son tus valores. En este sentido, los sueños que más reflejan tus necesidades son aquellos en los que encuentras o pierdes algo de valor. Asimismo, tus necesidades también se revelan en aquellos sueños en los que construyes o te deshaces de alguna cosa, así como en los de corte amoroso, íntimo y en los que predomina el deseo. Los sueños que están llenos de sorpresas o de cortes inesperados pueden ser también muy elocuentes respecto a tus necesidades.

¿En qué crees? Esta pregunta tiene que ver con el punto de vista desde el cual miras una situación particular. Mientras buscas inconscientemente tus diversas identidades y gravitas alrededor de tus necesidades, te sorprendes a ti mismo en un viaje donde experimentas con una serie de perspectivas y puntos de vista diferentes. Los sueños que tienen que ver con tus creencias son aquéllos en los que intentas comunicarte de alguna manera, aun cuando seas incapaz de lograrlo. También son aquéllos en los que buscas algo y terminas encontrando algo diferente. Los sueños en los que hay un viaje en el que exploras distintas posibilidades, indican cuáles son tus creencias, así como cualquier sueño que tenga un sentido misterioso o trascendente.

Así pues, en *El Top 100 de los sueños* podrás encontrar los patrones básicos de la psicología humana, patrones que emergen una y otra vez en los sueños que creamos. Reconocer estos temas básicos te ayudará a descubrir con mayor facilidad quién eres, qué necesitas y cuáles son tus creencias. En la medida en que seas más consciente de *quién eres en realidad, cuáles son tus verdaderas necesidades y qué es en lo que realmente crees*, te será más fácil tomar decisiones, adquirir valor y expresar quién eres. Así, tus sueños no son una serie de teorías psicológicas abstractas, sino historias vibrantes que adquieren sentido cuando decides entrar en ellas para averiguar su verdadero significado.

Los 100 sueños más importantes

1. Ser perseguido

EL SUEÑO

Alguien o algo que crees que te quiere lastimar te persigue. Puede ser más de una persona, o tal vez un animal o un monstruo. Corres sin descanso y tratas de esconderte para alejarte de la amenaza, pero la sensación de peligro no se detiene. Sin importar qué tan rápido intentes alejarte, te es imposible encontrar un sitio seguro donde resguardarte. Parece imposible escapar y la angustia crece con cada paso.

EL SIGNIFICADO

Si estuvieras despierto te sería muy fácil huir de aquello que te persigue, pero en el sueño te es imposible. No importa que corras rápido o que te ocultes bien, la amenaza siempre está acechando. Esto se debe a que, sin importar qué te persigue, es en realidad un aspecto de ti mismo y, por ende, adonde quiera que vayas, siempre te acompañará. Este tipo de comportamiento sólo lo experimentas en ciertas situaciones de la vida real y usualmente es detonado por un tipo específico de eventos o de personas. En el fondo, no es una persona la que te persigue, quien en realidad te amenaza es tu percepción de esa persona o de la situación y lo que eso genera en ti.

La forma que adquiere tu perseguidor revela el aspecto de ti mismo que representa. Si se trata de un animal, significa que hay un impulso instintivo que te cuesta contener en tu vida diurna. Si es un monstruo, significa que tienes un poder o una capacidad oculta que te es difícil desarrollar en tu vida diaria. Cuando te persigue un hombre, una mujer o una pandilla, significa que tienes la oportunidad de hacer valer una habilidad, pero hacerlo requiere eludir alguna responsabilidad. Aun cuando parezcan amenazantes tus perseguidores, en realidad, te dan la posibilidad de descubrir algún poder o talento en el que no habías reparado, mismo que te ayudará a cubrir tus necesidades.

LA ACCIÓN

La manera de reaccionar correctamente ante este sueño es entrar en contacto con aquello que te causa tensión. Generalmente esto significa salir de tu zona de confort y dar pasos firmes y definitivos para resolver la situación y seguir adelante. Aunque pueda parecer más sencillo y cómodo seguir donde estás, la parálisis producirá que la tensión crezca. Confrontar el hecho te permitirá que dejes de sentirte como una víctima indefensa y te ayudará a generar confianza para usarla a tu favor. Más que ser perseguido, transfórmate en el perseguidor de esa oportunidad.

EL CONTEXTO

En la actualidad, la sociedad aún refleja patrones de comportamiento que provienen de la Edad de Piedra, cuando los seres humanos se dedicaban por completo a la cacería y la recolección. Entonces podíamos estar cazando algo para comerlo o huir de algo que quería comernos. Incluso cuando las oportunidades que perseguimos en la actualidad parezcan menos peligrosas, seguimos denominando cualquier búsqueda de algo que nos sea significativo como una persecución. Las metas que perseguimos son la base de nuestros deseos y éstos se expresan claramente en nuestros sueños, sin importar si estamos despiertos o dormidos.

2. Perder los dientes

EL SUEÑO

Todo parece estar bien hasta que te das cuenta de que tienes un diente flojo que está a punto de caerse. Esperas desesperadamente que tus demás dientes estén bien pero te percatas de que también se están aflojando. Puede ser que termines escupiéndolos y acabes con la boca llena de sangre o que sencillamente se desmoronen hasta convertirse en polvo. También puede ocurrir que te mires al espejo y descubras que tus dientes están podridos; o que, en lugar de dientes, te crecieron colmillos de animal o vampiro.

EL SIGNIFICADO

Generalmente, cuando sueñas con tus dientes es un reflejo sobre qué tan confiado o poderoso te sientes en tu vida cotidiana. Enseñas los dientes cuando sonríes y cuando muerdes, así que éstos reflejan tu nivel de seguridad y asertividad. Perder los dientes significa que estás enfrentando un reto que ha puesto en entredicho tu confianza o tu habilidad para superarlo. Así como cuando los dientes se te van cayendo uno por uno, recibir un golpe que merme tu confianza en un área, afecta este aspecto en otras áreas de tu vida. Tu seguridad personal se tambalea y encuentras que es más seguro mantener la boca cerrada en lugar de atreverte a decir algo.

Los dientes flojos demuestran que tu confianza está minada porque no pones demasiada atención a tu autoestima. Si tus dientes se pudren, puedes sentir que pierdes poder. La sensación de un diente flojo sugiere que ya no tienes confianza, mientras que las encías sangrantes indican tensión en una relación íntima que lastima tu autoestima de algún modo, y en la que te otorgas poco valor. Si en el sueño usas frenos, significa que has tratado de mantener la confianza por medio de ayuda externa. Si en lugar de frenos llevas puestas carillas o coronas, quiere decir que intentas aparentar poder de una manera artificial. Los colmillos de vampiro o de algún animal salvaje o bestia, indican que has depositado tu energía y tu pasión en otras personas, quienes pueden estarte proveyendo de autoestima.

LA ACCIÓN

El mensaje implícito de este sueño es que debes confiar más en ti mismo para superar la situación que te confronta. Aunque te sientas vulnerable ante la adversidad, es común que puedas inclinar a tu favor el fiel de la balanza si actúas con mayor confianza en ti. Mientras mayor sea tu confianza personal, es más seguro que superes las dificultades. En lugar de concebir los retos y la falta de certezas como algo que te deja indefenso, saboréalos como un desafío que puedes enfrentar con mordidas.

Todos experimentamos la caída de los dientes de leche cuando fuimos niños. Este periodo de la vida coincide con la construcción de nuestra identidad y, por ende, con un cambio en las relaciones de poder que tenemos con los demás. En este sentido, es común que durante esta etapa sintamos que estamos indefensos y que son los demás quienes tienen poder sobre nosotros, por ejemplo, nuestros padres o maestros. Cuando somos niños, esta impresión nos hace desconfiar de nosotros mismos. Así, ya adultos, el sueño de que los dientes se nos vuelven a caer se relaciona con esta impresión de la infancia.

3. No encontrar un sanitario

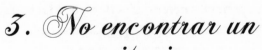

Necesitas urgentemente ir al baño y buscas frenéticamente un sanitario. Sin embargo, los únicos que encuentras están en lugares extraños o a la vista de la gente. Puede ser que falten las paredes o que la puerta no tenga cerradura. También puede ser que estés formado y que, a pesar de que ya no puedes soportar las ganas de ir, debas seguir esperando en la fila. Cuando por fin estás frente al retrete, lo descubres sucio o apretujado, desbordándose o tapado. Te preocupas de que tus zapatos vayan a mancharse y no encuentras papel o agua para limpiarte las manos.

EL SIGNIFICADO

En tu vida diurna, el baño es el sitio al que vas para desechar aquello que ya no le sirve a tu cuerpo. Soñar que necesitas ir al baño indica que en tu vida hay una situación que es poco saludable para ti pero de la que aún no encuentras la manera de deshacerte. Generalmente esto involucra tus necesidades personales y tu facilidad para decírselas a los demás. Buscar un sanitario significa que quieres encontrar a alguien a quien decirle lo que realmente deseas. Por su parte, si el baño está a la vista de todos, puede indicar que se trata de una situación con la que quieres lidiar solo, detrás de una puerta que te permita aparentar que no tienes una necesidad. Tener que permanecer formado en una fila indica que antepones las necesidades de otros a las tuyas, aunque tengas una necesidad urgente por expresarlas.

Si tratas de decir tus necesidades en voz alta, la ansiedad producirá una situación desastrosa. Esto acalambra la expresión de tus necesidades pues sientes que no tienes ninguna opción o que cuentas con muy poco espacio para maniobrar. También te preocupa que, al decir tus deseos verdaderos, la situación se vuelva muy emocional y termine en un mar de lágrimas o, en su defecto, que se bloqueé por completo. Intentar que tus pies no se mojen significa que eres demasiado cuidadoso para entrar en una situación emocional de cuyo resultado no estás seguro. Tal vez, la situación te parece tan grave que sólo quieras lavarte las manos, pero no hay manera de que lo consigas.

LA ACCIÓN

En la vida cotidiana es común creer que podrás satisfacer tus necesidades si primero ayudas a los demás a que satisfagan las suyas, pero generalmente los otros terminan por depositar sus problemas en ti. La mejor manera de resolver esta situación es privilegiar tus necesidades sobre las de los otros y poder decir que "no" de vez en cuando. Esto te ayuda a establecer límites, los cuales te permitirán intentar satisfacer tus propios deseos. Puede parecer egoísta, pero es más fácil atender a las necesidades de los otros cuando las tuyas han sido satisfechas.

EL CONTEXTO

La primera experiencia que tenemos en la vida para regular nuestras necesidades es cuando aprendemos a ir al baño. Esta es la primera vez que quedamos expuestos a las obligaciones sociales, las cuales se interponen entre nosotros y nuestras necesidades y funciones físicas. Durante este entrenamiento, nos damos cuenta de que la expresión de nuestras necesidades se puede tomar como algo sucio que nos produce vergüenza. Aun cuando de niños aprendemos a controlar nuestras necesidades, como adultos se nos dificulta manejar nuestras necesidades emocionales, pues pueden evocar los mismos sentimientos de vulnerabilidad y vergüenza que teníamos cuando debimos aprender a ir al baño.

4. Estar desnudo en público

De pronto, te encuentras completamente desnudo en un lugar público e intentas frenéticamente encontrar algo con lo que puedas cubrirte o dónde ocultarte. A tu alrededor, todos están vestidos y a pesar de que te sientes profundamente avergonzado, nadie parece darse cuenta de tu desnudez. Sin embargo, estás más preocupado porque te vean desnudo que por el frío o por sentirte incómodo físicamente. Puede ser que no estés desnudo por completo, pero te hace falta una prenda que deja a la vista una parte de tu cuerpo muy importante: tal vez estás vestido sólo de la cintura hacia arriba o traes saco pero no camisa.

EL SIGNIFICADO

Cuando sueñas que estás desnudo en un lugar público significa que en tu vida cotidiana hay una situación que te hace sentir vulnerable y expuesto. Las personas que enfrentan circunstancias desconocidas, un nuevo trabajo o una nueva relación en la que no sienten confianza de sus habilidades, suelen soñarse de esta manera. La ropa que usas representa la imagen con la que te sientes cómodo de mostrar al mundo, pues forma una barrera que te ayuda a protegerte cuando estás con otras personas. Aun cuando en la intimidad te guste mostrarte tal cual eres, te puedes llegar a sentir muy incómodo cuando estás en público y no encuentras la manera de cubrir las áreas más privadas.

Incluso cuando intentes esconder tu incomodidad con lo que sea que tengas al alcance, los demás parecen no darse cuenta de tu desnudez debido a que tú sigues aparentando seguridad y confianza, al tiempo que tratas de esconder el sentimiento de vulnerabilidad. Tu necesidad de ocultar tu vulnerabilidad puede hacer que otras personas te aprecien como una persona fría que cubre sus sentimientos y que los incomoda. Si en el sueño te hace falta una prenda vital, esto sugiere que, aunque generalmente estés confiado, una parte de ti siente como si el caparazón estuviera ligeramente cuarteado. Sin embargo, mientras más te escudes, se te dificultará descubrir tus poderes más profundos. En la vida hay ocasiones en que la única manera de demostrar tus habilidades es abriéndote y exponiendo tu verdadero ser.

LA ACCIÓN
Este sueño te ayuda a develar la necesidad de expresar tus verdaderos talentos. Aunque parezca fácil esconder tus habilidades para no sentirte expuesto a los juicios o la crítica de otras personas, esto te puede producir frustración y decepción. La decisión de ocultar tus habilidades te obliga a actuar como los demás esperan que actúes, en lugar de empujarte a demostrarte tal cual eres. Mientras más les demuestres tus verdaderas habilidades a las demás personas, más fácil te será descubrir aquellas características que te hacen único.

EL CONTEXTO
Nuestra piel es un límite natural entre nuestra vida interior y nuestra vida exterior, por lo cual es común que nos sin-

tamos vulnerables cuando este límite se encuentra expuesto. Solemos usar expresiones como "a flor de piel" o "en carne propia" para referirnos a aquellas situaciones en las que alguien debe sobrellevar un asunto de enorme importancia donde se ponen en juego los juicios y críticas de otros. En la actualidad es menos escandalosa la exposición del cuerpo desnudo, somos bombardeados por imágenes de personas con muy poca ropa en los medios de comunicación. Sin embargo, aun cuando muchas de estas personas aparentan sentirse cómodas demostrando su desnudez, es común que usen tatuajes como una barrera para protegerse de la vulnerabilidad.

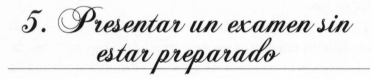

5. Presentar un examen sin estar preparado

EL SUEÑO
De pronto, te descubres sentado a punto de presentar un examen muy importante para el cual no te preparaste. Sabías que tendrías que presentarlo, tuviste tiempo suficiente para estudiar pero, por alguna razón, no lo hiciste. Es demasiado tarde. Te sientes muy decepcionado pues sabes que se trata de un evento importante y que un mal resultado te afectará negativamente. El fracaso es inevitable y es muy seguro que te impida alcanzar tus ambiciones.

EL SIGNIFICADO

Soñar que estás a punto de presentar un examen para el cual no te has preparado suele indicar que te estás examinando y criticando mucho en la cotidianidad. Seguramente, has establecido una serie de parámetros muy altos para intentar ser reconocido y apreciado por los demás. Si crees que no estás siendo capaz de alcanzar estos parámetros, es posible que te sientas fracasado. Aunque el sueño te pueda dar la impresión de que es alguien más quien te examina, lo cierto es que eres tú quien establece el criterio para aprobar o reprobar el examen. Generalmente no te sientes preparado porque tu nivel de autoconocimiento es más superficial de lo que te gustaría.

La sensación de no sentirte preparado es comúnmente consecuencia de que en la vida diurna no dejas nada al azar. Es seguro que tiendes a preparar meticulosamente cada cosa que haces, sin importar si se trata de algo con poca o mucha importancia. Esto te puede conducir a tener grandes expectativas de ti mismo y generar una ansiedad constante que, a final de cuentas, impactará en tu desempeño. A pesar de que la gran exigencia te pueda conducir a tener un enorme historial de éxitos, también puede generar que reprimas otras necesidades básicas. El criterio real para medir el éxito no se encuentra en tu nivel de competitividad, sino en qué grado eres consciente de lo que te produce felicidad y satisfacción.

LA ACCIÓN

La mejor acción a tomar después de este sueño es reflexionar sobre qué te hace sentir feliz y pleno realmente, así como qué tan capaz eres de conseguirlo. Es común que se trate de cosas sencillas y agradables, que no requieren de una preparación interminable. Cuando te juzgas con demasiado rigor es muy seguro que te sientas fracasado, sin que importe qué tan brillante o exitoso seas. En lugar de sumergirte en un examen continuo, la verdadera prueba está en aceptarte por quien eres y en celebrar tu conocimiento y tus logros, en lugar de ponerlos en duda en todo momento.

EL CONTEXTO

Los exámenes suelen representar la manera en que otros juzgan qué tanto estamos cumpliendo con sus expectativas; por ende, reflejan cómo nos juzgamos a nosotros mismos frente a las expectativas de los demás. Aun cuando los exámenes académicos se han realizado por siglos, antes que ellos existían los rituales y ritos tribales de iniciación donde los participantes deben comportarse de determinada manera y superar ciertas pruebas para alcanzar el reconocimiento de la tribu. Aun cuando es muy importante ser aceptado y reconocido por los demás, es aún más importante saber aceptar tus propias habilidades y reconocer tus logros.

6. Volar

EL SUEÑO

Los sueños en los que vuelas generalmente comienzan con una sensación de que estás flotando. En el momento en que te percatas de que la fuerza de gravedad no te detiene, te lanzas hacia el cielo para cruzarlo. Parece como si pudieras ir a cualquier lugar sólo con imaginarlo y te inunda una sensación de júbilo. Algunas veces vuelas solo, como un superhéroe, y otras, estás en un avión u otro tipo de vehículo extraño. Puede ocurrir que seas un simple pasajero, pero los sueños en los que vuelas son mucho más liberadores cuando eres tú y nadie más quien controla tu vuelo.

EL SIGNIFICADO

Soñar que vuelas es representativo de que te has liberado de alguna carga o peso en tu vida. Muchas de las frases metafóricas que usamos para referirnos a nuestras responsabilidades o nuestras obligaciones se refieren a una carga. Decimos "la gravedad de la situación" o "una decisión de peso" para referirnos a la liberación de una responsabilidad tras lo cual nos sentimos "tan ligeros como el aire". Soñar que vuelas refleja esta liberación y demuestra que te has liberado de una circunstancia que te pesaba o que te retenía de alguna forma. Descargar el peso te da la opción de actuar sin ataduras, haciéndote sentir libre como un ave que puede descender en picada para volver a ascender en el segundo siguiente.

Esta libertad de elección generalmente ocurre en periodos creativos en los que eres capaz de expresar tus verdaderas habilidades. Si en el sueño se te dificulta despegar o encuentras algún tipo de obstáculo para volar, esto puede ser un indicador de que aún estás muy apegado a alguna cosa. Cuando vuelas en un vehículo extraño, indica que cuentas con una habilidad única que genera una gran sensación de liberación cuando eres capaz de usarla. Si eres un simple pasajero, el sueño revela que te encuentras en una situación en la que de alguna manera te sientes libre, pero no tanto como si fueras tú quien tuviera el control.

LA ACCIÓN

Este sueño refleja que te estás liberando de tus limitaciones y que te sientes más libre de lo que comúnmente puedes serlo. Aunque puedas tener la impresión de que esta libertad es un mero accidente del azar, en realidad has sido tú quien la ha propiciado. Así, vale la pena que en tu vida diaria busques otras maneras de despegar hacia nuevas posibilidades. Para lograr mantener los sueños en los que vuelas, trata de evitar las ideas insustanciales y asegúrate de tener plataformas sólidas que puedan sustentarlas, así como un lugar seguro para que logren aterrizar.

EL CONTEXTO

Aun cuando desde el siglo pasado seamos capaces de volar, el cielo siempre ha estado ligado con los poderes de la imaginación. Sin un espejo, somos incapaces de ver la parte superior de nuestra cabeza y esto nos puede dar la impresión de que nuestra mente y nuestra imaginación están abiertas al cielo. En este sentido, el cielo representa el poder de la imaginación como una de nuestras más grandes cualidades. En prácticamente todas las religiones y mitologías, la deidad más poderosa es aquella que rige el cielo.

7. Caer

EL SUEÑO

Sin ninguna advertencia sientes que te caes. Todo parece transcurrir con normalidad pero, de pronto, sientes que tus piernas se doblan y que tropiezas y caes. Algunas veces la caída puede parecer menor como si te tropezaras con un bache o te cayeras en un hoyo. Otras, la caída es más dramática, como si fueras dando tumbos por unas escaleras que no terminan o como si cayeras en un abismo sin fondo. Parece como si no pudieras hacer nada para detener la caída, la cual se interrumpe sólo cuando golpeas el suelo.

EL SIGNIFICADO

Los sueños de caídas están usualmente asociados con una percepción de fracaso en tu vida cotidiana. Suelen detonarse cuando descubres que no eres capaz de asegurar el resultado de una situación. Puede ser que te hayas puesto estándares muy altos y que sientas que fracasarás si no eres capaz de alcanzarlos. Esto puede producir que caigas abruptamente y que sientas que otros caen contigo. Sin embargo, hay ocasiones en las que necesitas liberarte de tus responsabilidades y la sensación de que caes en tus sueños proviene de este inevitable proceso de soltar el peso excesivo. Conforme lo hagas te estarás dando la oportunidad de seguir adelante.

Cuando duermes te liberas de tu conciencia para así relajarte y que tu cuerpo descanse, también para darte la oportunidad de soñar. Cuando sueñas que caes, usualmente se debe a que tu cuerpo se está relajando y a que estás liberando tensión. Si tropiezas, indica que te estás liberando de una tensión menor. Si, en cambio, la caída es más grande, sugiere que necesitas liberarte de responsabilidades más importantes que te están empujando. Golpear el suelo indica que necesitas adoptar un punto de vista aterrizado con el cual puedas poner los pies en la tierra a medida que encuentras una solución.

LA ACCIÓN

Este sueño se produce por estrés y tensión acumulados, por lo que es necesario que tomes un punto de vista más relajado al analizar ciertas áreas de tu vida. Mucha de la tensión acumulada en tus músculos la puedes liberar si haces ejercicios de relajación antes de ir a la cama. Parte de la tensión muscular proviene del miedo al fracaso y puede parecer que pasas la mayor parte del día tratando de protegerte del impacto. Cuando estás tenso es menos probable que te des cuenta de las oportunidades y que saques ventaja de ellas. Mientras más te relajes, mayor influencia tendrás en los resultados.

EL CONTEXTO

La frase que usamos para describir cuando estamos soñando es "quedarse dormido"; así pues, tendemos a asociar la relajación con la caída y con liberarse del peso excesivo. Conforme nuestros músculos más largos se relajan, tales como los de la espalda, los brazos y las piernas, sentimos cómo nos hundimos en nuestra cama. Esta liberación de tensión se siente como un espasmo muscular y es conocida como una sacudida hipnótica. Si estamos al borde de quedarnos dormidos, entonces usualmente sentimos que nos estamos cayendo. Comúnmente, en nuestro lenguaje nos referimos al fracaso con expresiones como "cayó de mi gracia" o "qué bajo has caído".

8. Estar en un vehículo sin control

EL SUEÑO
Viajas en un vehículo que parece haber perdido el control. Este vehículo es un auto pero también puede ser cualquier otra forma de transporte motorizado. No importa qué tan cuidadoso seas, el vehículo nunca se dirige hacia el lugar al que quieres y gira peligrosamente. Intentas desesperadamente bajar la velocidad porque te da miedo chocar y dañar el carro o lastimarte y a otras personas. También puede ocurrir que te encuentres bajando por una colina y que intentes frenar sin conseguirlo.

EL SIGNIFICADO
Soñar con un auto indica que estás pensando en el camino en el que se encuentra tu vida. Generalmente se trata de tu carrera profesional y de la manera en que estás considerando tu futuro laboral. El vehículo más común en este sueño es un auto, pues simboliza tus ambiciones y la manera de alcanzarlas. Vehículos más grandes como trenes o autobuses simboli-

zan equipos u organizaciones de las que formas parte. Aunque puedas tener un plan que buscas poner en práctica, eres incapaz de seguir la dirección hacia la que realmente quieres ir. Las circunstancias parecen salirse de control y mientras más tratas de controlarlas, menos poder tienes sobre ellas.

Un choque inminente refleja que estás a punto de entrar en un conflicto ineludible. Si te encuentras en un vehículo que viaja en reversa, sobre todo si va cuesta abajo, refleja que estás tratando de revertir una decisión o que quieres salir de un compromiso. La falta de frenos indica que el conflicto con otras personas es inevitable. Te gustaría maniobrar para alejarte de las circunstancias en las que te encuentras pero te preocupa la dificultad de lograr salir de ello. Aunque parezca que lo mejor es resignarte, la manera más efectiva de reaccionar es retomar el control afrontando los desafíos que tienes enfrente.

LA ACCIÓN

En lugar de abandonar tu situación actual, considera aquellas áreas en las que sí tienes control. Algunas de éstas pueden no ser tan obvias y requerir que influyas en alguien en lugar de tratar de tener control sobre su comportamiento. No tengas miedo de recurrir a los demás, pueden ayudarte a controlar la situación y volver al asiento del conductor. Aunque parezca difícil aceptar que hay situaciones que escapan de tus manos, tratar de controlar lo incontrolable incrementa tu sensación de vulnerabilidad.

EL CONTEXTO

Cuando se está aprendiendo a manejar algún vehículo se presentan situaciones que parecen incontrolables. Cuando el vehículo no responde a nuestros intentos por maniobrarlo, parece como si tuviera mente propia. Los vehículos y automóviles están asociados con la manera en la que manejamos nuestra vida y el lugar al que queremos llegar; por eso escuchamos frases como "el camino de la vida". Por eso también usamos la palabra "conducir" para referirnos a la dirección que están tomando las cosas y el progreso que hemos alcanzado al perseguir alguna meta.

9. Estar en una habitación desconocida

EL SUEÑO

Caminas por tu casa y de pronto descubres una puerta de la que nunca antes te habías percatado. Puede ser que lleves viviendo varios años en esa casa pero es la primera vez que vas a abrir esa puerta recién descubierta. Por extraño que te pueda parecer, la puerta se te hace familiar y cuando la abres sientes una mezcla de angustia y excitación. Una vez que la has abierto, te sorprendes al encontrar un cuarto del que no sabías nada. Algunas veces, la ubicación del cuarto puede parecer arquitectónicamente imposible y también puede ser que la puerta conduzca hacia una serie de cuartos o hacia otro edificio.

EL SIGNIFICADO

En los sueños, tu casa generalmente representa a tu ser, mientras que los cuartos de la casa suelen representar los diferentes aspectos de tu carácter. Por su lado, las puertas representan tu manera de expresar y acceder a estas distintas partes de ti mismo. Por ende, descubrir una puerta de la que no tenías conocimiento significa tener la oportunidad de entrar en una serie de nuevas posibilidades en tu vida. La puerta que oculta el cuarto desconocido te resulta familiar porque representa una cosa por la que tenías pasión en el pasado y que has olvidado por un tiempo. Por alguna razón tuviste que cerrar esta puerta pero el sueño indica que nuevamente tienes una oportunidad para retomar esta pasión y descubrir toda la serie de posibilidades que guarda.

Este sueño generalmente ocurre cuando recobras tiempo libre y tienes la oportunidad de recuperar una vieja pasión. El tamaño del cuarto generalmente representa la magnitud de la oportunidad y a veces puede parecer muy estrecho o conduce hacia otra serie de cuartos diferentes. Esto significa que, al explorar la primera posibilidad, ésta te conducirá hacia otras oportunidades con las cuales podrás llegar a expandirte mucho más de lo que te encuentras en la actualidad. El contenido del cuarto refleja la naturaleza de la pasión que dejaste relegada. Puede ser que la habitación esté sucia y llena de polvo, pero sigue intacta y en espera de que la vuelvas a utilizar.

LA ACCIÓN

Aunque parezca que conoces tus habilidades y tus limitaciones, es importante que sepas que tienes un potencial que yace oculto y que debes descubrir. La manera de explorar este potencial generalmente llega en la forma de una oportunidad inesperada. Como con una habitación normal, te puede llevar cierto tiempo saber cómo usar tu potencial, lo que irás descubriendo conforme amuebles tus ambiciones. Necesitas estar abierto a las oportunidades y no cerrar la puerta a las posibilidades que te estás creando. Conforme empieces a explorar una habilidad, descubrirás las posibilidades que tiene consigo.

EL CONTEXTO

Una de las tantas maneras en las que aprendemos es por medio de analogías. En este sentido, una de las analogías más fundamentales es la de la casa como símbolo de uno mismo. Una casa tiene interior y exterior y también nosotros llevamos una vida interna y una vida externa. El espacio es un elemento primordial en la gran mayoría de los hogares y el número de habitaciones que tiene una casa generalmente refleja su valor. Al igual que una casa puede ampliarse para ganar más espacio, mientras más ampliemos nuestras habilidades mayores oportunidades encontraremos para ganar valor y confianza en nosotros mismos.

10. Llegar tarde

EL SUEÑO

Creías que tenías suficiente tiempo para llegar a una cita pero te acabas de dar cuenta de que se te ha hecho muy tarde. Te apresuras para vestirte, miras el reloj y no logras entender cómo fue que el tiempo pasó tan rápido. Tratas de llegar al sitio donde quedaste, pero en el camino surgen imprevistos y obstáculos que te retrasan aún más. Empiezas a sentir como si tu tiempo no te perteneciera, y crees que nunca podrás llegar al lugar hacia el que te diriges.

EL SIGNIFICADO

El sueño de llegar tarde se debe a que estás empezando a sentir que estás a punto de perder una oportunidad que te puede dar cierto tipo de plenitud. La cita representa el tiempo que te has impuesto para alcanzar algún tipo de ambición en tu vida, por ejemplo, empezar una familia o alcanzar un puesto de trabajo. Así pues, te has dado cuenta de que el tiempo se te está acabando y que cada vez tienes menos oportunidades de alcanzar la meta. Mirar el reloj significa que has llenado tu vida cotidiana con una serie de actividades que, a final de cuentas, no te han llevado a donde querías llegar. Aunque parezca que has estado trabajando para conseguir tus objetivos, lo cierto es que sólo has estado dejándote llevar por la corriente.

Mientras más te esfuerzas por llegar a la cita, más difícil parece que lo puedas conseguir. Puede ser que intentes ir por diferentes rutas, pero ninguna de ellas te conduce a donde quieres llegar y te quedas con un sentimiento de frustración. Esto significa que en tu vida has evadido tomar una decisión que determinará el curso de tus acciones. Mientras más postergues esta decisión menos tiempo tendrás para llegar a donde quieres ir. En este sentido, es hasta que te comprometes con una decisión que podrás empezar a hacerte responsable del resultado de tus acciones. Así, en la medida en que te comprometas con tus acciones ganarás tiempo para asegurarte el éxito, en lugar de estar mirando constantemente al reloj.

LA ACCIÓN

El mensaje de este sueño te invita a comprometerte con tus acciones en vez de estarte involucrando en actividades sin sentido. Hasta que no te comprometas con una decisión te sentirás indeciso y usarás tu tiempo inútilmente. Tan pronto como te comprometas con una decisión definitiva, podrás ver que se abren una serie de oportunidades que te ayudarán a alcanzar tus objetivos. Una vez que tomas una decisión el camino a seguir se traza y entonces sí puedes empezar a medir tu progreso de acuerdo con un calendario. Es así como puedes recobrar el tiempo, en lugar de seguir perdiéndolo en la queja constante sobre lo que te acontece.

EL CONTEXTO

Aunque nos parezca que la medición del tiempo por medio de calendarios y relojes es relativamente moderna, los seres humanos hemos medido el tiempo desde la prehistoria por medio de la noción del ritmo. A través de los ciclos del sol y de la luna hemos observado el progreso constante de los fenómenos naturales y encontrado la manera de aprovecharlos para que nos indiquen el momento correcto para hacer las cosas. En el agitado mundo moderno el tiempo se ha convertido en la posesión más preciada y éste siempre parece hacer falta. Sin embargo, mientras mayor sea nuestra determinación mayor será también el tiempo que logremos tener para lo que realmente cuenta.

11. Buscar algo

En este sueño te la pasas constantemente buscando algo, aunque nunca sabes de qué se trata. Puede ser que estés en tu casa, revolviendo las cosas, o tal vez en el jardín o en la calle. Tu búsqueda puede ocurrir en una oficina o en una fábrica, aunque también puede ser que conduzcas por las calles para encontrar aquello que estás buscando. La búsqueda te aleja cada vez más de tu punto de partida y puede ser que abordes trenes o aviones para ir a países distantes. Por más que buscas, te parece imposible encontrar eso que tanta falta te hace.

EL SIGNIFICADO
Cuando sueñas que buscas algo, generalmente te encuentras en un periodo en el que intentas descubrir un nuevo sentido de plenitud en tu vida. El hecho de no saber qué estás buscando, refleja que no eres plenamente consciente de qué es aquello que te hará sentir más satisfecho. Si la búsqueda ocurre en tu casa, significa que estás tratando de encontrar características de tu propia personalidad que permanecen ocultas y que necesitas para sentirte más completo. Aunque seas consciente de que tienes cierto potencial encerrado en ti, estás buscando maneras para entrar en contacto con él. Tras cada puerta que abres, tras cada armario en el que te asomas, esperas encontrar esa parte que yace oculta en tu interior.

Si la búsqueda ocurre afuera, en el jardín o en las calles, indica que estás buscando un mayor reconocimiento en tu círculo social. Buscar algo en una oficina o en una fábrica indica que te gustaría mejorar profesionalmente. Si, en cambio, te encuentras manejando por la calle o en una estación de tren o en un aeropuerto, significa que estás buscando la manera de encontrar más satisfacción en tu carrera. En todas estas situaciones, lo que realmente deseas encontrar es el propósito de tu vida. En lugar de buscar externamente, el verdadero sentido de tu vida lo puedes encontrar dentro de ti. Explorar tus necesidades fundamentales y tus motivaciones te ayudará a encontrarlo.

LA ACCIÓN

El mensaje de este sueño es que te encuentras buscando aquello que te hará sentir feliz y pleno. Sin embargo, no estás seguro de qué es eso que buscas, y te pasas la mayor parte del tiempo deseando tener suerte y tropezarte con ello. En lugar de seguir en una búsqueda precipitada, es más sencillo detenerte un momento, ya que la respuesta que buscas está dentro de ti. Pregúntate qué es lo que más quieres en la vida y luego mantente en calma hasta que la respuesta aparezca.

EL CONTEXTO

Los seres humanos somos grandes oportunistas y una de las razones de nuestro éxito es que tenemos voluntad propia para explorar lo desconocido y encontrar recursos valiosos. Aun cuando nuestras necesidades aparenten ser más complejas ahora que cuando éramos simples cazadores, siempre estaremos buscando cosas de valor y la manera para expresar nuestro potencial y habilidades. Uno de los primeros juegos que aprendemos cuando somos niños es el de encontrar algo, como las escondidillas, donde nos escondemos a propósito para que alguien nos encuentre.

12. Subir una cima

EL SUEÑO
Te diriges hacia un lugar importante y para llegar ahí debes escalar una cima. Conforme avanzas, descubres que la pendiente se hace cada vez más empinada y el camino se vuelve más escarpado. Tus pasos generalmente te llevan hacia un sendero o un camino empedrado y puede ser que termines escalando hasta el borde de un acantilado. Conforme te pegas a la pared de roca para seguir avanzando, te percatas de que la roca se empieza a volver cada vez menos consistente y se empieza a desmoronar. También puede ser que asciendas por una escalera que parece no tener fin.

EL SIGNIFICADO
Soñar que escalas significa que estás haciendo un esfuerzo constante por encontrar cierto nivel de éxito en tu vida. De la misma manera que ascender una pendiente, tratar de alcanzar mayor éxito en algo requiere más compromiso, energía y determinación. La pendiente suele volverse más inclinada porque

sobreestimas el esfuerzo que estás haciendo, así como los recursos con los que cuentas para alcanzar tu objetivo. Mientras más grande sea el ascenso, mayor será la curva de aprendizaje por la que deberás cruzar para alcanzar tu objetivo. Asimismo, el camino se podrá volver más escarpado para que ganes tracción y mantengas el ascenso. Por su parte, el sendero desaparecerá conforme tu ascenso te lleve hacia lo desconocido.

Tu camino hacia adelante te puede conducir a un acantilado en la medida en que tu realidad te exija un esfuerzo mayor. Avanzar a través de éste significa que, a pesar de que quieras seguir adelante con el esfuerzo para alcanzar el nivel de éxito que estás buscando, te preocupa el poco espacio con el que cuentas y que las cosas se salgan de control. La roca desmoronándose a tu alrededor indica que anteriormente contabas con cierto apoyo pero que ahora te preocupa que éste se desmorone, lo cual te hace sentir desesperado e inseguro. Por su parte, subir por una escalera indica que estás considerando el camino al que te puede conducir una carrera profesional en particular, en la que puedes ascender con firmeza. Una escalera en espiral sugiere que, aunque en realidad estés subiendo, tienes la impresión de que sólo avanzas en círculos.

LA ACCIÓN

El mensaje de este sueño es que podrás alcanzar tus deseos o tus ambiciones pero tal vez esto requerirá que avances a paso lento y continuo en lugar de correr una corta distancia a gran velocidad. En lugar de apresurarte hacia adelante, lo más recomendable es que aligeres el paso y bajes la velocidad para que te asegures de mantener el esfuerzo, sin importar qué tan empinado parezca el camino. Da un paso a la vez y aunque te sientas inseguro no dudes en pedirle ayuda a alguien que te pueda guiar hacia un terreno más sólido y seguro.

EL CONTEXTO

Es común que describamos nuestro potencial para alcanzar nuestros logros en términos de altitud. Así, decimos cosas como "un enorme logro" o "tener expectativas muy altas". Sin embargo, por nuestra experiencia cuando subimos por primera vez unas escaleras, sabemos que subir por una pendiente es un difícil reto que requiere mayor esfuerzo que caminar sobre terreno llano. A esto se debe que nuestro vocabulario esté lleno de frases como "cuesta arriba" o "escalar una montaña". A su vez, para describir los momentos en los que conseguimos algo que deseábamos decimos cosas como "llegar a la cima" o "escalar hasta lo más alto". Sin embargo, conforme refuerzas tus esfuerzos, ganas una mejor perspectiva para observar los horizontes que se abren frente a ti.

13. Enamorarse inesperadamente

EL SUEÑO

Para tu diversión, de pronto te encuentras involucrado en un romance e inesperadamente te enamoras. Esta aventura suele ser completamente sorpresiva pues se trata de una persona en quien no te fijarías. Se puede tratar de un colega del trabajo o de alguien que no se apega a tus gustos. Puede ser que tu sorpresa sea mayor al darte cuenta de que te has enamorado de un objeto. Cada vez que lo miras, tu corazón se detiene y te sientes un poco culpable de tus sentimientos por él.

EL SIGNIFICADO

Cuando sueñas que inesperadamente te enamoras, significa que estás descubriendo una parte muy valiosa de ti, de la que eras poco consciente. El sueño generalmente es sorpresivo y te puede hacer sentir muy inquieto, sobre todo por el hecho de haber elegido a una persona con la que te cuesta trabajo imaginarte. Aunque normalmente no se trata de alguien que te parece atractivo, esta persona encarna una característica que te es muy deseable, aun cuando el deseo pueda no ser romántico. Asimismo, empiezas a aceptar que es una característica que posees y que puedes expresar, lo que es muy excitante. Puede ser que la fuerza de la atracción que sientes en el sueño te parezca inverosímil, lo que te lleva a preguntarte por qué estás en esa situación.

Si el objeto de tu afecto es decisivo y ambicioso, entonces significa que estás tomando conciencia de tu poder para tomar decisiones y para definir con claridad qué quieres lograr en la vida. Si te enamoras de alguien que no corresponde con tu tipo, significa que estás más cómodo con tu feminidad o tu masculinidad, según sea el caso. Enamorarte de un objeto significa que estás trayendo a la vida las cualidades que asocias con él. Todas estas posibles situaciones reflejan que de lo que en realidad te estás enamorando es de tus propósitos y capacidades. Este amor floreciente no es un asunto vano o narcisista, sino que se trata de un incremento en la manera en que aceptas tus cualidades y te sabes atractivo.

LA ACCIÓN

El mensaje de este sueño es que, inesperadamente, has empezado a descubrir una capacidad que desconocías, y que confías más en tus cualidades. Sin embargo, este nuevo nivel de conciencia puede ser muy confuso al principio y hacer que tu rutina se trastoque un poco. Aunque pueda ser tentador hacer caso omiso a lo que estás descubriendo, debes saber que esta capacidad que acabas de encontrar guarda información vital para ti. Al abrir la posibilidad de que hay mucho de ti que ignoras, puedes empezar a atraer a tu vida eso que necesitas y aquello que deseas.

EL CONTEXTO

Así como los sueños, tendemos a concebir al amor como algo que nos sucede y no como algo que creamos. El verdadero amor es tan preciado por nosotros que nos encontramos rodeados de historias en las que se le representa. Libros, películas, obras de teatro, canciones, poemas; a veces parece como si las historias de los seres humanos sólo fueran historias de amor. Esta búsqueda constante por el verdadero amor refleja que una de nuestras necesidades más profundas como animales sociales es la de amar y ser amado. La frase "caer enamorado" refleja cómo, mientras más nos relajemos, más fácil nos será aceptarnos a nosotros mismos y reconocer nuestras cualidades.

14. Ser perseguido por un fantasma

EL SUEÑO

No dejas de ver una sombra por el rabillo del ojo y, aunque la persona te parece vagamente familiar, no logras dar con su identidad. Conforme la miras más de cerca, notas que es parcialmente transparente, y te sientes aterrado al darte cuenta de que ella o él es un fantasma. Intentas escapar pero no deja de seguirte y no importa qué hagas, no te puedes librar. Parece estar en cualquier parte hacia donde mires y cada que escuchas un sonido raro o percibes cualquier tipo de movimiento, sabes que se trata de él.

EL SIGNIFICADO

Cuando sueñas que te persigue un fantasma, generalmente indica que hay un hecho de tu pasado del cual te quieres liberar. Aunque el fantasma no se parezca a ti, refleja algún aspecto de tu ser que tú creías muerto o enterrado. Este aspecto es un hábito o un recuerdo anterior que ha vuelto para atemorizarte. Puede ser que estés intentando ignorar el recuerdo y por eso el fantasma aparece casi transparente y sin sustancia. No importa qué tanto empeño pongas en escapar o esconderte, el fantasma siempre estará ahí porque es parte tuya y de tu vida.

Estos hábitos o recuerdos aparecen en la cotidianidad como patrones de comportamiento. Mientras más trates de ignorarlo más presente se hará el fantasma, hasta que logre capturar tu atención. Estos comportamientos te pueden producir una gran frustración, y pueden exigirte mucho tiempo y esfuerzo. De todos modos, cuando los confrontes podrás liberar una invaluable cantidad de energía creativa. La creatividad te puede ayudar a infundirle vida a tus ideas o a que resurja una cualidad que poseías en el pasado. Esta cualidad es un don único y por más que intentes ignorarla, siempre será una parte de ti.

LA ACCIÓN

Este sueño está llamando tu atención por el hecho de que hay un suceso de tu pasado el cual has soslayado por creerlo superado. Sin embargo, el suceso continúa impactando tu vida. Es momento de que te liberes de él. Se trata de una experiencia pasada en la que has encerrado una parte de ti, y es momento de confrontar, en lugar de huir. No permitas que el pasado te posea, es tiempo de reclamar la cualidad que éste encierra para reincorporarla a tu personalidad.

EL CONTEXTO

Conforme nuestros ancestros se fueron internando en la exploración del misterio de la muerte, los fantasmas se convirtieron en una manera de explicar lo inexplicable y lo que parece no tener sustancia. Las apariciones fantasmagóricas tienden a asociarse con el espíritu de los muertos y simbolizan aquellas partes de nosotros que no tienen una manifestación física. Aunque culturalmente intentemos racionalizar lo que nos parece extraño, continuamos sintiéndonos fascinados por los misterios de los fantasmas y del mundo espiritual. Hay muchas personas utilizando tecnología de punta para intentar confirmar la existencia de fantasmas. De hecho, muchas de las historias que más nos gustan son acerca de fantasmas y casas encantadas.

15. Volver con un ex

EL SUEÑO

De pronto te das cuenta de que estás haciendo el amor con tu ex. Aun cuando no te puedas explicar cómo es que llegaste ahí, te sientes culpable y, al mismo tiempo, muy excitado. En el sueño, tratas de discutir el asunto racionalmente con tu ex pero la intensidad de tus sentimientos te distrae y terminas haciendo el amor con ella o con él una y otra vez. A pesar de que quieres interrumpir el contacto amoroso, realmente disfrutas estar con ella o con él. Eventualmente logras separarte, pero el sentimiento amoroso permanece en ti.

EL SIGNIFICADO

Cuando sueñas que haces el amor con un ex, significa que alguna situación de tu vida actual te está haciendo darte cuenta de las cualidades que asocias con esta persona. Más que tratarse de un deseo de volver con ella o con él, utilizas su identidad para simbolizar las cualidades que la persona representa para ti. Hacer el amor con él o ella, sugiere que estás descubriendo que dichas cualidades también son parte de tu personalidad. Si tu ex era poco confiable, entonces te estás engañando a ti mismo al evadir confrontar el hecho. En cambio, un ex cálido y cariñoso te demuestra que estás descubriendo generosidad y cariño dentro de ti, así como que te hace falta expresarlo.

Un ex también puede aparecerse en tus sueños para advertirte que estás repitiendo ciertos patrones de tu antigua relación en la actual, por lo cual te motiva a dejar estos comportamientos que ya no son útiles para ti. Puede ser que cuando estabas con tu ex fueras muy complaciente y que en tu relación actual estás repitiendo este patrón de comportamiento. Los sueños en los que hay sexo también pueden indicar que te encuentras en un periodo muy creativo y en el que estás muy excitado por el nacimiento de un proyecto. Soñar con el acto procreador indica que posees la chispa creativa y que eres capaz de crear algo único y singular. Por más que intentes evadir la idea, hay una necesidad capital para que te embarques en este proyecto.

LA ACCIÓN
Este sueño te instiga para que te comprometas a alcanzar un nivel mayor de conciencia. Mientras más te comprendas a ti mismo, más fácil te será entender tus necesidades, sobre todo si estás involucrado en una relación íntima. Este sueño ilumina tu identidad y tus necesidades fundamentales, así como aquello que consideras que debería tener tu relación amorosa, romántica y sexualmente hablando. Al estar consciente de las características que te parecen más atractivas de un amante, puedes tomar decisiones más certeras sobre cómo atraer al compañero o a la compañera de tus sueños.

A pesar de que acostumbremos creer que una relación íntima se basa en los encuentros que tenemos con la otra persona, una de las mayores riquezas de las relaciones es que nos ayudan a tomar conciencia de quiénes somos realmente. Mientras más nos abramos a la otra persona y revelemos nuestra vulnerabilidad, más nos daremos cuenta de quiénes somos. La primera etapa de las relaciones, así como las aventuras amorosas, suelen ser ocasiones en las que nos descubrimos con mayor intensidad. Por ende, cuando empezamos a cobrar conciencia de nosotros mismos, tendemos a equiparar estos episodios con los profundos sentimientos que produce el amor.

16. Un avión que se estrella

EL SUEÑO

Un avión cae precipitadamente del cielo y te percatas de que está a punto de ocurrir un terrible desastre. Sin embargo, el avión parece recuperar el control poco antes de impactarse contra el suelo. Continúa entonces el vuelo, apenas por encima de los edificios y los árboles. También puede ser que la aeronave choque contra el piso y se rompa en pedazos, y que te sorprenda ver que los pasajeros salen caminando, sin lesión alguna. Es posible que seas testigo del accidente o que vayas en el avión. Si eres un pasajero, es probable que intentes tomar control para buscar que aterrice sin contratiempos.

EL SIGNIFICADO

Cuando sueñas que un avión se va a estrellar, es posible que tengas ciertas preocupaciones por algún plan o proyecto del que formas parte. El cielo simboliza el espacio en el que se desarrollan las ideas, y el avión tus planes y la manera en que pueden llegar a buen puerto. Mientras más grande sea el avión más ambicioso es el plan, así que cuando sueñas con un avión de tipo comercial éste generalmente representa un proyecto de gran magnitud en el que están involucradas varias personas. Aun cuando el proyecto parezca estar bien planeado y se prediga que, en teoría, va a funcionar, tu confianza está en picada y te preocupa que el proyecto termine por estrellarse en el suelo. Justo cuando parece que va a ocurrir, el avión logra mantener el control y prosigue su vuelo a un nivel muy bajo.

Cuando el avión vuela rozando los edificios y los árboles, indica que las personas involucradas en el proyecto están teniendo dificultades para que sus planes sucedan como lo habían previsto, y sortean una serie de dificultades que han complicado su camino. Si el aeroplano realmente se estrella, significa que el proyecto está a punto de darse por terminado y que, seguramente, se dividirá en partes más pequeñas que sean más manejables. Los pasajeros que salen ilesos del accidente indican que las personas involucradas en el proyecto son libres de continuar con su camino para encontrar nuevas oportunidades. Si tú formas parte de los pasajeros, significa que eres miembro activo del proyecto, en lugar de ser un testigo. Intentar tomar el control del avión significa que tú tienes la capacidad para guiar al proyecto hacia un resultado más exitoso.

LA ACCIÓN

El mensaje que yace detrás de este sueño gira en torno a considerar la trayectoria de un proyecto o de un plan del que formas parte. Aun cuando generalmente el despegue es considerado como la parte vital de un proyecto, cualquier piloto profesional dirá que, en realidad, el despegue es lo más sencillo de hacer. La parte más difícil es conseguir que el proyecto aterrice a salvo, así como asegurar la seguridad de los pasajeros del avión. Más que involucrarte en un vuelo de acrobacias, trata de planear el proyecto hasta en sus más mínimos detalles. También es muy oportuno que cuentes con un plan de emergencia, en caso de que tengas que enfrentar algún evento inesperado.

EL CONTEXTO

A pesar de que las aeronaves sean un invento relativamente moderno en la historia de la humanidad, nuestros ancestros solían soñar que volaban amarrados a las alas de las águilas. Estos sueños evolucionaron en mitos como el de Dédalo e Ícaro, donde uno de ellos fabricaba un par de alas para cruzar los cielos. En muchos de estos mitos, la persona que quería volar terminaba estrellándose en el suelo, ya que la teoría pocas veces compagina con la dura realidad. Hoy consideramos los viajes aéreos como un hecho tangible y cotidiano, y es lugar común decir cosas como "hagamos que esto despegue" o "echar a volar" para referirnos a nuestros planes y proyectos.

17. Niños en peligro

EL SUEÑO

Te alarmas al descubrir que tu hijo está en algún tipo de peligro y crees que lo has decepcionado al permitir que tal situación sucediera. Puede ser que tu hijo esté a punto de enfrentar un momento amenazante o que se vea involucrado en un terrible accidente. Tal vez olvidaste dónde lo dejaste y lo buscas desesperadamente antes de que sea demasiado tarde. Aunque creías que se encontraba en un lugar seguro, sabes que está en peligro mortal. No puedes creer lo irresponsable que has sido al dejarlo solo y por su cuenta.

EL SIGNIFICADO

Cuando sueñas con tus hijos, usualmente se debe a que estás pensando en algo que es muy cercano a tu corazón. Es muy fácil creer que este sueño es una premonición de que tu hijo realmente se encuentra en peligro, pero en realidad estás usando la imagen de tu hijo como un símbolo que representa algo muy preciado para ti, algo que en los últimos tiempos has intentado proteger y facilitar su desarrollo. Si en tu sueño aparecen varios niños, entonces se trata de una serie de posibilidades en juego. A pesar de que sea posible que a estas oportunidades les estés dando mucha atención, sientes que su existencia está en riesgo.

Tus ambiciones están en peligro de no realizarse porque crees que no cuentas con el tiempo ni con la energía para dedicarte por completo a ellas. Sientes que existe el peligro de que tus proyectos lleguen a su fin o sean cancelados pues nadie más logra ver su importancia. Aunque estás desesperado por conseguir tus ambiciones, se te dificulta retomarlas en el punto en el que las has dejado y ahora tus planes están olvidados. Sin embargo, al darte cuenta de que tus ambiciones se encuentran amenazadas, puedes hacer uso de la resiliencia y de algún recurso para traerlas de vuelta al presente.

LA ACCIÓN

Este sueño dirige tu atención hacia un don muy preciado que has dejado relegado. Puede ser que en el pasado hayas deseado que éste se desarrollara naturalmente sin que tuvieras que dedicarle demasiado tiempo pero, en la realidad, requiere mucho más cuidado y atención del que le has dedicado hasta ahora. Este nivel de cuidado es requerido hasta que el proyecto se vuelva más independiente y pueda sobrevivir sin que tengas que prestarle toda tu atención. Este preciado don también es una representación de tu niño interno y refleja tu potencial para crear algo nuevo y excitante.

EL CONTEXTO

Hallar a un niño desprotegido y vulnerable es una de las situaciones más emotivas en las que nos podemos encontrar. Nuestro primer impulso es rescatar al niño de la aflicción, aun cuando eso ponga en riesgo nuestra propia seguridad. El llanto alarmado de un niño prevalece sobre otros ruidos y nos llama inmediatamente a la acción para tratar de satisfacer sus demandas, más aún si se trata de nuestros hijos. Sin embargo, también es muy sencillo perder a un niño de vista, así como dejarlo solo para que se entretenga con sus juguetes.

18. Ser parte de un acto público

EL SUEÑO

Te dan la oportunidad de aparecer en un acto público para hacer algo frente a una audiencia pero todo parece salir mal. Puede ser que el sonido esté fallando y que te encuentres conectando y desconectando cables mientras intentas que la gente te escuche. También puede ocurrir que estés actuando y que olvides tus diálogos o que las palabras se te atraganten en la boca y salgan al revés. El público se comienza a inquietar y tú te empiezas a sentir frustrado pues sabes que eres capaz de llevar a buen término tu actuación pero las circunstancias parecen estar conspirando en tu contra.

EL SIGNIFICADO

Soñar que apareces ante un público refleja la necesidad de que tus habilidades sean reconocidas por un número más grande de gente. Estas habilidades pueden ser tanto artísticas como laborales. Aunque sea innegable que las tengas, te ha costado trabajo que otras personas se den cuenta de ellas.

Es más sencillo culpar a las circunstancias bajo las que estás queriendo actuar, pero lo cierto es que la falta de reconocimiento se debe a que te cuesta trabajo aceptar los elogios y las alabanzas de otros. Esto te puede hacer sentir distante e independiente a las opiniones de los demás, aun cuando la realidad es que te la pasas buscando desesperadamente su aceptación y reconocimiento.

Tu distanciamiento te puede conducir a una sensación de incomunicación con tus amigos y colegas del trabajo, lo que compensas jugando con los tecnicismos y escondiéndote detrás de la tecnología. Tu falta de comunicación también produce que te desconectes de tus verdaderos sentimientos y de la habilidad para expresar lo que realmente quieres. En lugar de hablar con el corazón y de manera sensata, intentas comunicarte con frialdad y sin involucrarte demasiado. Esto puede producir que olvides quién eres realmente y qué es lo que de verdad quieres decir y hacer. El individuo más importante del público eres tú, y este sueño te enseña que estás cayendo en la frustración y el desencanto debido a la percepción que tienes de ti mismo y de la falta de reconocimiento.

LA ACCIÓN

El meollo de este sueño está en que el éxito de tu presentación frente a un público radica no sólo en tu talento, sino también en tu habilidad para demostrarlo. Es más sencillo esperar a que la gente acepte y reconozca tus habilidades pero esto será imposible de hacer si eres tú mismo quien duda de ellas. Mientras más elogies a los demás, más sencillo te será reconocer y confiar en tus propias habilidades. En la medida en que confíes más en tu generosidad para reconocer los dones de los que te rodean, incrementará tu habilidad para demostrar los tuyos ante grandes audiencias.

EL CONTEXTO

Desde que somos niños siempre hay alguien animándonos para que actuemos frente a un público, ya sea en una fiesta familiar o en un festival escolar. Gran parte de nuestros éxitos y del reconocimiento están motivados en decir las cosas correctas en el momento indicado, y por medio de acciones bien ejecutadas. Gran parte de nuestros programas de televisión favoritos son competencias en las que un grupo de expertos juzgan las habilidades de otros. Asimismo, en nuestra vida cotidiana pasamos gran parte del día buscando la aprobación de los demás, en lugar de simplemente aceptar nuestras capacidades frente a nosotros mismos. Mientras más fácil nos resulte aceptar nuestras cualidades, más sencillo será también que las expresemos en la interacción con los demás.

19. Tsunami

EL SUEÑO

Estás a la orilla del mar y de pronto te percatas de que una muralla de agua se levanta y se dirige hacia ti. Puede ser que tengas tiempo de huir hacia una cúspide pero generalmente no tienes tiempo de escapar a la gran ola, ya que se mueve a gran velocidad. Cuando el agua te traga, te ves girando y dando tumbos dentro de ella, completamente desorientado. De alguna manera logras nadar y salir del agua para terminar arrastrándote en la arena, tratando de recobrar el aliento mientras miras cómo la ola se aleja en el horizonte. Algunas veces la ola no se rompe y se mantiene encima de ti, a una distancia muy próxima.

EL SIGNIFICADO

Cuando sueñas con agua estás reflejando tus sentimientos y emociones, así como la manera en que estos fluyen a través de ti. Igual que los sentimientos, el agua aparenta ser fluida e inaprensible, y un tsunami representa el surgimiento de una emoción incontrolable que te está arrastrando en la vida. Generalmente, los maremotos son generados por temblores en la tierra; así, las grandes olas y su carga emocional, pueden ser consecuencia de un movimiento sísmico en una relación importante. El cambio radical altera todas las áreas de tu vida y está a punto de engullirte. Generalmente, tu reacción inicial es tratar de ponerte encima del maremoto emocional. Al querer estar por encima de tus emociones moralmente, buscas tener un punto de vista desde el cual puedas analizar la situación con cierto desapego.

Sin embargo, puede ocurrir que tras una ola venga otra y que te veas arrastrado por cada una de ellas, lo que representa un caudal de emociones incontrolables. Esto te puede desorientar por completo, haciendo que tu corazón se hunda y que pierdas la cabeza. Aunque la situación parezca inmanejable, algunas veces logras sobreponerte y nadar a través del caos para llegar a un sitio más estable. Aunque estés empapado y te sientas alicaído, sabes que la turbulencia emocional, al igual que las olas, terminará por decaer y perderse en la distancia. Si la gran ola se sostiene en el aire mientras estás parado sobre la costa, sugiere que eres consciente del maremoto emocional que se te vendrá encima, pero que tienes un punto de vista mucho más objetivo desde el cual puedes analizar tus sentimientos y mantenerte en la tierra hasta que la crisis pase.

LA ACCIÓN

Este sueño refleja tus preocupaciones sobre ser engullido por tus emociones, mientras intentas salvarte hasta que la crisis se resuelva. Probablemente la situación está fuera de control, así que en lugar de intentar controlarla simplemente debes aceptarla tal cual es. En vez de sumergirte por completo en el agua, intenta mantenerte atrás para que puedas tener un punto de vista más objetivo de la situación. Aunque desees resistirte al cambio, en el fondo sabes que es inevitable.

EL CONTEXTO

Gran parte del lenguaje acerca de las emociones está basado en frases que tienen que ver con el agua: "Un mar de lágrimas", "una ola de frustración". Como nuestras emociones, el agua parece tener un ritmo y un flujo propio. Asimismo, la experiencia nos dicta que, como el agua, las emociones pueden tener un enorme poder y afectar profundamente el resto de nuestras vidas. Mientras más conozcamos nuestros estados de ánimo y ritmos, más podremos comprender que nuestras emociones son incontrolables y que sólo nos queda esperar que podamos tener alguna influencia sobre ellas.

20. Encontrarse con un ser querido que falleció

EL SUEÑO

Estás feliz de encontrarte con un ser querido, aun cuando estás seguro de que él o ella falleció en la vida real. En el sueño, sin embargo, aparece tal cual era en vida y te habla como si nunca hubiera muerto. Se trata de una persona con la que tenías una relación especial, generalmente un pariente cercano, algo así como un padre o un abuelo. Puede ser que estén intentando decirte algo y aunque comúnmente estarían felices de verte, es posible que estén muy enojados contigo.

EL SIGNIFICADO

Soñar que te encuentras con un ser querido que ha fallecido sugiere que estás pasando por una transformación en tu vida. Aunque este ser haya muerto, en tus sueños lo recreas usando tus recuerdos de sus cualidades personales. Tu encuentro con ella o con él indica que te estás volviendo más consciente de estas cualidades y de que éstas están comenzando a aparecer en tus patrones de conducta. Si tu padre te quiso y te demostró su amor por medio de una autoridad sabia y madura, entonces su aparición en tus sueños indica que te estás sintiendo más cómodo con tu propia autoridad y tu sabiduría. Si tu abuela fue una mujer dedicada y afectiva, entonces el encuentro con ella sugiere que tu capacidad para querer y proteger se está incrementando.

Si el ser amado está intentando transmitirte un mensaje, entonces esto significa que en la vida real hay algo que estás tratando de decirte a ti mismo. La naturaleza del mensaje refleja el tipo de cosa que quieres decirte y, comúnmente, se relaciona con el descubrimiento de una cualidad personal que no sabías que poseías. A pesar de que pudieras tener una excelente relación con el ser amado mientras éste vivía, puedes sorprenderte mucho al darte cuenta de que él o ella están molestos contigo en el sueño. Sin embargo, en realidad no son ellos quienes están enojados, sino tú mismo, que los responsabilizas por morir y haberte abandonado.

LA ACCIÓN

Este sueño te pone en comunicación con una parte de ti que creías perdida para siempre. Aunque parezca que tu ser amado realmente vino a visitarte, lo que de verdad ocurrió es que tú te reuniste con aquello que ese ser significa para ti. Uno de los grandes tesoros que este ser querido te entregó es el reconocer ciertas cualidades que no creías poseer. En vez de simplemente resignarte y lamentar su partida, es momento de abrazar y hacer tuyas todas las cualidades que ese ser amado alumbró para ti.

EL CONTEXTO

Perder a un ser querido es una de las pruebas más difíciles y tristes que debemos afrontar. A veces es como si ese ser querido se llevara una parte de nosotros mismos y que, tras su partida, nosotros perdiéramos nuestra identidad para siempre. Aunque él o ella ya no esté presente de manera física, continúa en contacto gracias a las cualidades que nosotros poseemos y que nos hicieron tan significativos a sus ojos. A pesar de que perder a un ser querido es profundamente desconsolador, podemos seguir pensando en él para obtener amor e inspiración.

21. Tu pareja tiene un romance

EL SUEÑO

Estás seguro de que tu pareja tiene una aventura. Llega tarde a casa, parece distraído y ha perdido el interés por ti. Aunque buscas pruebas de su infidelidad desesperadamente, no encuentras ningún elemento sólido que lo compruebe. Sin embargo, tus sospechas se ven confirmadas cuando encuentras una serie de fotografías en las que tu pareja aparece con otra persona, o quizá cuando entras a una habitación y lo descubres en brazos de alguien más. A pesar de que el descubrimiento te devasta, te sientes tranquilo de que tus miedos fueran justificados. No importa qué tan molesto estés, te sientes terriblemente abandonado por tu pareja.

EL SIGNIFICADO

Soñar que tu pareja te es infiel generalmente ocurre cuando en la vida real estás perdiendo la confianza en tu propia sexualidad y en tu atractivo. A pesar de que te puedas ver

tentado a creer que este sueño se debe a que tu pareja realmente está teniendo un amorío con alguien que le resulta
más deseable que tú, el sueño usualmente refleja que estás
perdiendo contacto con tus necesidades fundamentales, lo
que te hace sentir menos atractivo. Esto puede ocurrir cuando una situación en tu vida cotidiana te hace sentir frustrado
y provoca que pierdas la confianza en ti mismo. La frustración y la falta de autoestima generalmente ocurren cuando
dejas de confiar en tu propia manera de ver las cosas y cuando empiezas a buscar la apreciación y el reconocimiento de
los demás.

La necesidad de aprobación te puede conducir a abandonar tus ambiciones más profundas y, aunque intentes
convencerte de que se trata de lo mejor, en el fondo te sientes decepcionado de ti mismo. Esto te puede hacer sentir
aburrido o impaciente contigo mismo y, en lugar de decir
en voz alta tus sentimientos, los proyectas en tu pareja. A
su vez, en lugar de compartir tu frustración con tu pareja,
empiezas a desear que aparezca alguien que te encuentre
atractivo y puede ocurrir que empieces a desear ser tú quien
tenga una aventura. Mientras más confianza adquieras en
ti mismo, más fácil te será, sin duda, dar pasos seguros hacia
el futuro, en el cual podrás convertirte en la persona que
quieres ser.

LA ACCIÓN
Este sueño te indica que eres consciente de que te estás
engañando a ti mismo de alguna manera. Estás perdiendo
la fe en tus habilidades y seguramente has empezado a depender demasiado de la aprobación de los demás para sentirte importante. En lugar de que sea la mirada de los otros

la que te vuelva atractivo, este sueño te motiva a ser tú mismo. Es muy sencillo dejar que sean los demás quienes se hagan responsables de tus deseos y aspiraciones, pero es momento de reafirmar la fe en tus cualidades y en el propósito de tu vida.

EL CONTEXTO

Tendemos a proyectar en nuestras parejas los sentimientos de autoestima y valor propio. Esto es especialmente cierto en relaciones que acaban de comenzar, en las cuales vemos a nuestra pareja como un premio que refleja nuestros deseos más profundos, más que un pilar perenne con el cual siempre podremos contar. De alguna manera, podemos terminar creyendo que nuestra felicidad es responsabilidad de nuestra pareja y, cuando nos sentimos infelices, es demasiado sencillo culpar al otro en lugar de confiar en nuestras cualidades.

22. Hacer las maletas una y otra vez

EL SUEÑO

Estás empacando las maletas y te preparas para un viaje muy importante al que tendrás que partir muy pronto. Cada vez parece haber más maletas y te empiezas a preocupar de no tener suficiente espacio para llevar contigo las cosas que necesitas para el viaje. A pesar de que supones que ya tienes todo lo necesario, te das cuenta de que necesitas llevar aún más cosas. Poco a poco descubres que nunca terminarás de empacar si quieres terminar a tiempo para comenzar tu viaje.

EL SIGNIFICADO

El sueño de que nunca terminas de hacer las maletas indica que te encuentras pensando constantemente sobre cómo organizar tu vida para que puedas empacar la mayor cantidad de cosas posible. Por más que intentes retacar tu día de actividades, parece como si nunca tuvieras suficiente tiempo disponible y como si siempre quedaran demasiados pendientes por hacer. Las maletas simbolizan tu potencial para alcanzar la plenitud y los recursos con los que cuentas para seguir adelante con todos tus planes y tus ambiciones. La sensación de que tendrás que dejar muchas cosas, indica que una ambición en particular cuenta con una fecha límite para cumplirse. Pero, por más que te empeñes en organizarte, siempre tendrás la sensación de que algo le falta a tu vida.

Aunque parezca que intentas ganar hasta el más mínimo espacio en tu vida, constantemente te sientes frustrado porque parece como si no fueras a ninguna parte. Gran parte del trabajo que haces en tu vida cotidiana es prepararte para conseguir el éxito, en lugar de comprometerte con un plan de acción para alcanzar alguna meta en particular. Todos los aditamentos que estás empacando representan los hábitos y las experiencias del pasado pero necesitas estar listo para identificar si alguno de éstos te está reteniendo. Aunque algunas cosas puedan parecer necesarias para explorar la nueva dirección hacia la que te diriges, es posible que termines viajando con exceso de equipaje.

LA ACCIÓN

Este sueño te trata de enseñar cómo sacarle el mayor jugo posible a las oportunidades al ser capaz de dejar atrás las cargas del pasado. Es muy fácil caer en la desesperación y agobiarte por todas las cosas que crees que necesitarás. Sin embargo, esto significa que ocupas más tiempo en los preparativos que en actuar para conseguir tus objetivos. Mientras más tiempo le dediques a los preparativos, es más probable que repitas viejos patrones de comportamiento, pues estás tratando de controlar el resultado de la situación.

EL CONTEXTO

Desde que los seres humanos hemos usado herramientas y llevado una vida nómada de cazadores y recolectores, hemos utilizado maletas para llevar nuestras pertenencias. Al principio, el equipaje era pequeño y seguramente sólo contenía lo más vital, algo así como pedernales y hierbas, y era importante pues nos mantenía preparados en caso de que surgiera alguna eventualidad. Conforme nuestras vidas se han vuelto más ricas y complejas, el volumen del equipaje ha aumentado. Mientras más peso carguemos con nosotros, más difícil nos será movernos con libertad.

23. Cometer un crimen

EL SUEÑO

Por alguna razón acabas de cometer un crimen terrible y desesperadamente buscas la manera de encubrirlo. Algunas veces se trata de algo muy grave, como un asesinato, y te encuentras intentando ocultar el cadáver. Sin que importe qué tanto lo intentes, siempre dejas una pista detrás, como la huella de la suela de tu zapato, la marca de tus huellas dactilares en un teléfono o un mensaje en la grabadora que es imposible de borrar. Tratas de esconderte pero te mortifica que alguien se dé cuenta de tu felonía. El crimen siempre parece motivado por un accidente o por algo que te forzó a hacerlo para protegerte.

EL SIGNIFICADO

Cuando sueñas que cometiste un crimen, el sueño se debe a que te sientes decepcionado de ti mismo en tu vida cotidiana. A pesar de que siempre intentes hacer lo correcto y te guíes por ciertos principios, sientes que has traicionado tu propia moral. Soñar que cometiste un asesinato y que te estás deshaciendo del cuerpo generalmente indica que intentas eliminar algún aspecto de tu personalidad. Este aspecto usualmente es una habilidad especial o una cualidad única a la cual te sientes forzado a renunciar por las circunstancias en las que te encuentras. A pesar de que te gustaría seguir con ella, renuncias a esa cualidad por que quieres hacer felices a otros.

Aun cuando hayas intentado reunir toda la evidencia que delata la habilidad que tratas de ocultar, ésta sigue haciéndose presente y llamando tu atención. Soñar que te robaste algo de valor indica que no te estás valorando lo suficiente. Robar simboliza tomar algo sin permiso para disfrutar de ello sin hacerte responsable por tener que adquirirlo. El deseo de escapar refleja que necesitas escapar de las ideas que te limitan para darte la libertad de ser quien realmente quieres. El crimen parece un accidente porque anhelas que los demás te acepten.

LA ACCIÓN

La evidencia que deja tras de sí este sueño, es que tratas de ocultar alguno de tus más profundos deseos para satisfacer las expectativas de los demás para ganar su aceptación. Sin embargo, al permitir que los demás te juzguen, estás perdiendo la libertad de expresarte. Tratar de satisfacer los deseos de los demás para obtener su cariño y su aprobación puede conducir a que te traiciones a ti mismo. Al permitirte actuar con mayor naturalidad puedes darte la oportunidad de libertarte de las demandas del resto de las personas, para poner en práctica tus habilidades.

EL CONTEXTO

Incluso antes de que pudiéramos hablar, una de las primeras cosas que nos transmiten nuestros padres es sobre aquello que está bien y mal. Este aprendizaje continúa y se intensifica en la escuela, donde experimentamos los códigos del buen y el mal comportamiento. En algún punto, transgredimos estos códigos y somos señalados como culpables. Esto conduce a que nos apropiemos de los códigos y las normas de la sociedad, a cambio de que la sociedad nos acepte como parte suya. Aunque en un sentido puedas serle leal y te comportes correctamente ante los otros, en otro, puedes estar siendo desleal contigo mismo al tratar de ocultar alguna parte de tu personalidad.

24. Tomar un tren

EL SUEÑO

Te apresuras para llegar a la estación porque debes tomar un tren. Al hacerlo, te empiezas a sentir ansioso porque estás inseguro del andén al que debes ir y no recuerdas dónde guardaste tu boleto. Puede ser que logres llegar al andén correcto justo en el momento en que el tren se pone en marcha y lo ves desaparecer en el horizonte. Si logras abordarlo, te empiezas a preocupar de que realmente se trate del tren que te llevará al lugar correcto o de cuál es la estación en la que te debes bajar.

EL SIGNIFICADO

Cuando sueñas que intentas subirte a un tren esto se debe a que estás pensando en tu futuro profesional, así como en un camino que te gustaría seguir. Los trenes avanzan por rutas específicas y con calendarios determinados así que generalmente simbolizan senderos profesionales dentro de una organización más grande. Diferentes trenes representan diferentes oportunidades y las estaciones significan las vías para alcanzarlas. Tu deseo es embarcarte en un camino para después recorrerlo hasta que éste te conduzca a satisfacer cierta ambición profesional. Tratar de alcanzar el andén correcto sugiere que aún te encuentras tratando de encontrar cuál es la mejor plataforma para impulsar tus ambiciones. Por su parte, el boleto representa tus oportunidades para seguir por el camino elegido, de ahí la preocupación por haberlo perdido.

Si llegas al andén y ves que el tren está partiendo, refleja que te preocupa perder una oportunidad. Si te encuentras en el tren y te preocupa que éste no se detenga, indica que te gustaría cambiar de carrera o profesión, pero que se te dificulta debido a tus compromisos. También puede ocurrir que, aunque parezca que tu carrera marche bien, te puede producir cierta frustración porque te sientes restringido a seguir por un camino muy rígido del que no puedes escapar. Sin embargo, los trenes hacen paradas continuas y éstas pueden significar la oportunidad de cambiar de camino.

LA ACCIÓN

Este sueño se trata de escoger a dónde quieres ir en la vida y cómo piensas echar a andar tus ambiciones. Para decidir correctamente, debes comprometerte a seguir cierta dirección durante un tiempo. Puede ser difícil para ti hacer este compromiso pero mantener todas las posibilidades abiertas también puede significar que pierdas una oportunidad específica. Aunque te sientas un poco atrapado por la rutina, algunas veces lo mejor es sentarte y mantenerte quieto hasta que alcances tu objetivo, en lugar de cambiar continuamente de carrera y poner en peligro tu futuro.

EL CONTEXTO

Muchos de nosotros asociamos a los trenes con los medios de transporte con los cuales llegamos a nuestros trabajos. Por eso, nos dan una impresión de avance continuo, aun cuando también nos ofrecen la posibilidad de desviarnos en cuanto lo queramos. Mientras recorremos el camino que elegimos, vemos las estaciones como un indicador de nuestro progreso. Por eso, cuando creemos que alguien no avanza lo suficiente para lograr el estatus que busca, decimos cosas como "no se ha subido al tren". Si nos desviamos del curso establecido, decimos cosas como "se salió del camino" o "se descarriló".

25. Volver a la escuela

EL SUEÑO

Aunque ya eres un adulto, por alguna razón estás otra vez en la escuela. Te encuentras cursando el último año y te preguntas por qué estás ahí. En lugar de entrar a clases, estás impaciente por salir de la escuela para hacer uso de tus conocimientos en el mundo real. Puede ser que haya una clase a la que es importante que vayas y a la que intentas ir, pero no puedes dejar de perderte en el camino y cuando finalmente llegas la clase ya se terminó. Generalmente te encuentras con que tus viejos maestros quieren que pongas atención a determinados asuntos.

EL SIGNIFICADO

Cuando sueñas que vuelves a la escuela, se debe a que sientes que tienes la oportunidad de aprender cosas muy importantes en la vida cotidiana. Aunque la escuela está asociada con el conocimiento escolarizado, también representa el resto de las cosas que aprendiste mientras ibas a la escuela. La escuela es el lugar en el que entras cuando eres niño y abandonas cuando eres adulto, por lo que simboliza tu crecimiento hacia la independencia y tu habilidad para relacionarte con otras personas, especialmente con quienes desempeñan un papel de autoridad. Volver al último año de escuela significa que estás aprendiendo cómo se debe resolver una situación específica de una manera madura y responsable. Estás impaciente por hacerlo debido a que respondes favorablemente al proceso de la formación de tu individualidad.

La clase a la que estás queriendo llegar, generalmente refleja la naturaleza de aquello que estás aprendiendo en tu vida cotidiana. Una clase de historia indica que es urgente que olvides el pasado y pienses en el futuro. Una clase de geografía quiere decir que estás llegando al límite de tus horizontes y que es necesario aventurarse más allá de lo conocido. Una clase de español indica que debes aprender a expresarte mejor y de manera más fluida. Las matemáticas sugieren que tienes que ser más racional y resolver algún tipo de problema. Las clases de ciencias indican que es necesario que bases tus acciones en evidencias sólidas, y las clases de arte significan que debes ser más creativo e independiente. Los maestros te representan a ti, escuchando al sabio que llevas dentro.

LA ACCIÓN

Este sueño te enseña que nunca se deja de aprender, aun cuando ya hayas salido de la escuela. Mientras más aprendas del mundo que te rodea, más aprenderás sobre ti. Esto te abre a un nivel superior de conciencia y a un mayor conocimiento sobre tu potencial en la vida. Aunque sea tentador no entrar a clases, esto generalmente produce que te quedes atorado en el mismo patrón de comportamiento y con los mismos hábitos y creencias limitantes. No importa qué estudies, al final, el aprendizaje fundamental es un mayor conocimiento de ti mismo.

EL CONTEXTO

El periodo que pasamos en la escuela es en el que realmente aprendemos que hay un mundo más allá de nuestros hogares. Lejos de nuestros padres, debemos aprender a resolver ciertas tareas con tiempos determinados, así como a relacionarnos con otras personas por nosotros mismos. Nuestra experiencia escolar se refleja en nuestra vida laboral, donde lo que aprendemos tiene una resonancia con lo que tuvimos que aprender cuando íbamos a la escuela. Aunque ya no tengamos que aprobar exámenes, nuestro desempeño se sigue examinando para determinar el grado de nuestro éxito.

26. Sostener un encuentro con una celebridad

EL SUEÑO
Estás sorprendido y encantado porque una de tus celebridades favoritas se acerca a ti para hablarte como si fueran viejos conocidos. Quieres hacerlo sentir bien diciéndole lo mucho que lo admiras. Tu ídolo parece estar genuinamente relajado y cómodo contigo, así que tratas de comportarte normal y sigues hablando. Aunque al inicio te sentías bastante nervioso y sobrecogido, te descubres pasándola muy bien. Después de un rato, hacen planes para verse en otra ocasión.

EL SIGNIFICADO
Cuando sueñas con una celebridad significa que estás pensando en tus cualidades más singulares, aquellas que más respetas y valoras de ti. Las celebridades simbolizan cualidades creativas y habilidades para ejecutar algo, además de ser aspectos poderosos de tu personalidad, ya que cuentan con la libertad y los recursos como para elegir. La celebridad con la que te encuentras en tu sueño repre-

senta estos aspectos de tu personalidad, mismos que estás descubriendo en tu vida cotidiana. Sea cual sea la cualidad que más asocias con la celebridad, ésa es la que empiezas a reconocer en ti. El incremento de la atención a tu creatividad puede sorprenderte al principio, pero después se desarrolla naturalmente sin que debas ser plenamente consciente de los caminos en que ésta se puede desarrollar.

Aun cuando te gustaría saber cuánto ha crecido tu potencial, a veces es difícil aceptar el reconocimiento y la apreciación de los demás. En algunas ocasiones parece ser más sencillo no prestarle atención a nuestras cualidades y pensar que el talento es una cosa que los demás poseen, pero no nosotros. Conforme te relajes y te sientas más cómodo con tus cualidades será más fácil compartirlas con un mayor número de gente. Mientras mayor oportunidad les des a las personas de que te halaguen, más sencillo te será cuidar y hacer que éstas se desarrollen. Si el encuentro con la celebridad es romántico o sexual, significa que el reconocimiento de tus cualidades está siendo muy intenso e íntimo.

LA ACCIÓN

Este sueño alumbra tus habilidades ocultas y te motiva a que desarrolles el potencial que tienes oculto. Es tentador creer que sólo los otros tienen talento, pero tú también eres poseedor de dones únicos. Aunque parezca que las celebridades siempre han sido exitosas, se trata de personas que han trabajado mucho para desarrollar sus habilidades. Como una celebridad, debes demostrar tu potencial en lugar de esconderlo. Mientras más reconozcas tus cualidades, más fácil te será descubrir el área en la que eres un especialista.

EL CONTEXTO

Conforme nuestros ancestros exploraban sus poderes naturales, crearon historias en las que se convertían en súper hombres con características sobrenaturales. Antiguamente, los personajes de estas historias eran guerreros, reyes, reinas y todos aquellos que después fueron considerados deidades. Conforme las antiguas creencias mitológicas fueron decayendo en el periodo de la Ilustración, y el pensamiento científico y racional se impuso, las personas que estaban constantemente en la mira pública, tomaron el lugar de dioses y diosas. Más que adorarlos en templos o santuarios, ahora celebramos sus cualidades casi mágicas en los medios masivos de comunicación.

27. Temblores y erupciones

EL SUEÑO

Es un día común y corriente pero, de pronto, la tierra empieza a moverse y el suelo se abre frente a ti. Las calles se deshacen, los edificios caen e intentas escapar, salvar a otros y a ti mismo. Generalmente, con el temblor, los volcanes escupen lava hacia las calles, la cual incendia lo que está a su paso. Todo lo que está a tu alrededor está en completo desorden y parece como si el mundo fuera a llegar a su fin. Parece como si no pudieras hacer absolutamente nada más que observar cómo todo se destruye.

EL SIGNIFICADO

Cuando sueñas con un temblor o un volcán que hace erupción, generalmente hay un asunto personal muy importante que se está removiendo y que, literalmente, te pone a temblar. En la vida cotidiana, tomamos al suelo como punto de referencia en el cual siempre podemos confiar gracias a su estabilidad y su apoyo. Sin embargo, los temblores ocurren cuando dos áreas estables empiezan a presionarse entre sí. Esto suele ocurrir cuando un área de tu vida impacta severamente a otra. Puede ser que tu vida laboral esté afectando a tu vida doméstica, causando una enorme fricción. Como todos los temblores, estas tensiones ocultas alcanzan un punto en el que surgen y afectan lo que está a su paso, haciendo parecer que todo y todos alrededor son los responsables.

LA ACCIÓN

La reacción más adecuada para este sueño es encontrar la forma de liberar tus sentimientos de frustración, que hierven en tu interior, más que prolongar la actitud que quieres aparentar. La manera más eficiente de canalizar tus emociones es expresándolas. Seguramente estás bajo una enorme cantidad de estrés que te hace sentir sobrepasado, en este caso, lo mejor es empezar con los problemas más pequeños para establecer un canal honesto de expresión.

No necesitas gritar y hacer aspavientos. Cálmate y vuelve a tus casillas, dale voz a tus sentimientos verdaderos hasta que empieces a sentir que tus necesidades comienzan a ser satisfechas.

EL CONTEXTO

A pesar de que tal vez nunca experimentemos en carne propia un temblor o la erupción de un volcán, generalmente se trata de fenómenos que se transmiten en los medios de comunicación y que alcanzan un estatus casi mítico en las películas. Estos eventos topológicos tienen un profundo efecto en nuestra vida interior y en el lugar que ocupamos. Gran parte del lenguaje que utilizamos para referirnos a los cambios personales y a la liberación de la frustración se relaciona con lo que ocurre bajo tierra. Así, decimos cosas como: "Mi mundo tembló", "viví una experiencia sísmica", o "estoy a punto de hacer erupción".

28. El automóvil se pierde o se avería

EL SUEÑO

Necesitas llegar a una cita importante pero tu auto parece averiado. Cuando llegas al lugar en el que está estacionado sientes que te vas a desmayar al descubrir que no enciende. A pesar de que lo has cuidado, simplemente no arranca, y cuando te bajas para revisarlo descubres que las llantas están ponchadas o falta alguna pieza. También puede ocurrir que todo el auto haya desaparecido. Tal vez lo robaron o quizá no recuerdas dónde lo estacionaste.

EL SIGNIFICADO

Soñar que perdiste tu automóvil o que está averiado, significa que por alguna razón has perdido tu ímpetu y ambiciones. Los vehículos que aparecen en tus sueños reflejan los modos en los que puedes llegar a los sitios a los que pretendes arribar en tu vida. Un automóvil es comúnmente un transporte personal que te conduce al progreso en tu carrera laboral. También puede ser un reflejo del poder o del control con que cuentas para conseguir cierta ambición. Sin embargo, las circunstancias a veces te obligan a dejar estacionada alguna aspiración que esperas retomar para seguir haciéndola crecer. El hecho de que en el sueño tengas que llegar a una cita importante indica un oportunidad significativa que puede catapultar tus ambiciones.

Tener dificultad para poner el auto en marcha puede sugerir que no logras sentirte motivado. Puede ser que no tengas la misma chispa que en algún momento tuviste o que creas que no cuentas con los recursos para empezar a moverte. También puede ocurrir que, aunque aparentemente conduzcas hacia tus metas, en el camino comprendas que olvidaste algunos elementos muy importantes. Las llantas ponchadas sugieren que te sientes un poco decepcionado y deprimido, y que necesitas inflar tu motivación para seguir adelante en la búsqueda de tus objetivos. Si tu automóvil simplemente fue robado, esto significa que sientes que no te estás valorando lo suficiente, y que esta devaluación te impide alcanzar tus metas.

LA ACCIÓN

Este sueño te alerta sobre la pérdida de motivación y dirección en tu vida. Tu motivación puede desaparecer muy rápido cuando no mantienes el primer impulso; a veces te sorprendes al descubrir que ya no está ahí, justo en el momento en que más la necesitas. La manera más efectiva de recuperarla es decidir en qué quieres enfocar tus energías. Mientras más decisiva sea tu motivación, más sencillo será convencerte de retomar tus ambiciones y de poner tu carrera de vuelta en el camino.

EL CONTEXTO

Los vehículos personales simbolizan nuestra habilidad para escoger un objetivo y conducirnos con libertad hacia él. Antes de la invención del automóvil en el siglo XIX, era más común soñar que los caballos de los carruajes o las carretas estaban enfermos o se los habían robado. Aquellas culturas que viven cerca del agua tienden a soñar que sus botes se hunden o se extravían.

29. La muerte de un ser querido

EL SUEÑO

Estás escandalizado y entristecido porque alguien a quien realmente quieres se acaba de morir. Generalmente se trata de tus padres o de alguien en quien puedes confiar y obtener cariño de manera incondicional. Aunque estás devastado por la pérdida, necesitas hacer un gran esfuerzo para que los demás reconozcan el valor de la persona. Cuando despiertas te sientes increíblemente triste pero la alegría vuelve a ti cuando descubres que se trató de un sueño y que tu ser querido sigue con vida.

EL SIGNIFICADO

Cuando sueñas con la muerte de un ser querido, generalmente simboliza el final de un sendero y el principio de otro. No se trata de un sueño en el que predices la muerte de alguien. Cuando sueñas con alguien más, utilizas a esa persona para representar las características que comparten. Si la persona de tu sueño es alguien cariñoso y protector, refleja tu capacidad de dar cariño y de proteger a los demás. Si se trata de alguien responsable y capaz, seguramente te estás cuestionando sobre tu responsabilidad y tu capacidad. Soñar con la muerte de un ser querido indica que esa cualidad específica está cambiando de algún modo.

Esta transformación se produce por un cambio mayor en tu vida con el cual estás dejando viejos hábitos y dándole la bienvenida a nuevas formas de hacer las cosas. Este sueño generalmente ocurre al lado de una tumba, ya que te sientes motivado a dejar respetuosamente el pasado para vivir el presente y preparar el futuro. Si el sueño ocurre en un hospital, suele indicar que tal vez tengas una dependencia poco saludable a la persona con quien soñaste, y necesitas ser más responsable e independiente. La felicidad con la que te das cuenta de que sólo se trató de un sueño enfatiza tu conexión con la persona soñada, la cual se ve renovada y te ayuda a reforzar el lazo que los une.

LA ACCIÓN

Este sueño asegura que estás llegando al final de un periodo de actividades en tu vida y que una nueva área de oportunidad se abre ante ti. Al liberarte del pasado, puedes ocuparte del presente e internarte en el futuro. Aunque puedes considerar a este sueño como una premonición de la muerte de alguien más, esto muy pocas veces ocurre. En lugar de preocuparte por un posible fallecimiento, considera las posibilidades que se abren ante ti y cómo las puedes aprovechar para enriquecer tu vida.

EL CONTEXTO

Una de las primeras ansiedades que tenemos cuando somos niños es la de separarnos de aquellos que nos cuidan y aseguran nuestro confort y seguridad. Vivimos la partida de nuestros padres y su constante reaparición, sin embargo nos podemos sentir muy preocupados durante el periodo en que no están a la vista. Mientras más nos independizamos, menos dependemos de nuestros padres y familiares. Pero, cuando afrontamos situaciones complejas, siempre esperamos que ellos puedan volver a nuestras vidas para hacer que las cosas se solucionen. Aunque la muerte sea considerada el final definitivo de algo, es una interrupción natural que provoca nuevos inicios.

30. Marcar un número equivocado o apretar un botón incorrecto

EL SUEÑO
Quieres marcar un número telefónico pero todo el tiempo te equivocas. A pesar de que pueda ser un número que conoces, te la pasas oprimiendo mal los botones o confundes uno con otro. Realmente necesitas hacer esa llamada porque es urgente comunicarte con alguien. Aun cuando logres marcar un número, usualmente es un teléfono distinto y te contesta un desconocido. Sueños similares pueden ocurrir cuando estás intentando mandar un mensaje de texto o cuando quieres usar algún equipo y usas el teclado para escribir la contraseña.

EL SIGNIFICADO

Cuando sueñas que no puedes marcar el número correcto, significa que en tu vida cotidiana estás atravesando una situación en la que se te dificulta comunicarte con alguien. A pesar de que acostumbras ponerte en contacto con determinada persona, parece que hay una confusión entre ustedes y que lo que quieres decirle no logra ser expresado o se pierde en el camino. El teléfono está asociado con transmitir palabras y mensajes pero este sueño está más relacionado con cómo te comunicas a través de tus actos y comportamiento. Seguramente acostumbras tratar a esta persona de un cierto modo, pues sabes cómo convencerla y hacer que responda como quieres.

Sin embargo, por alguna razón, ella o él no atiende tu llamado y te es imposible establecer comunicación, sin importar qué haces. Incluso si logras comunicarte, notas que se comporta de una manera extraña. Esto suele significar que dicha persona se está fijando mucho en tu comportamiento y que ya no responde a tus solicitudes. Conforme te sea más evidente, podrás analizar qué y cómo te comunicas con los otros y contigo mismo. Soñar con un tablero donde tecleas una contraseña o con redactar un mensaje de texto indica que estás pensando mucho en cómo te debes comportar en tu trabajo.

LA ACCIÓN

Este sueño quiere decirte que tratar con personas es diferente de operar un aparato. Más que ser responsabilidad del otro, no lograr comunicarte es consecuencia, generalmente, de la manera en que intentas hacerlo. En lugar de insistir en que tu mensaje sea atendido, escucha lo que la otra persona quiere decir. Mientras más consciente seas de sus necesidades, más fácil te será mantener abierto el canal de comunicación para que, entonces sí, puedas expresar lo que realmente deseas.

EL CONTEXTO

Desde la primera vez que encendimos una luz, somos conscientes de la relación de causa y efecto de nuestras acciones. Cuando comenzamos a usar teléfonos y computadoras descubrimos que hay que seguir ciertos procedimientos para comunicarnos con otras personas. Gran parte de nuestra comunicación con los demás es a distancia, así que en lugar de ver al otro para saber de qué humor está, apretamos una serie de botones para expresar nuestros sentimientos. Esto puede producir una sensación de distancia y confusión.

31. Confrontación agresiva

EL SUEÑO

Aunque por lo general seas una persona calmada y poco agresiva, te encuentras frente a alguien que te está gritando y que te confronta violentamente. Estás seguro de que fue el otro quien inició la discusión y tratas de defender tu punto de vista mientras él o ella despotrica y sigue gritando. A pesar de que no estás muy seguro de cuál es el motivo de la discusión, te empiezas a sentir lastimado y molesto. Los ánimos van subiendo hasta que sabes que estás a punto de explotar.

EL SIGNIFICADO

Si sueñas que estás en una discusión violenta, se debe a que en tu vida cotidiana te la pasas confrontando tus sentimientos de frustración y fastidio. A pesar de que seas calmado y pacífico, algo ha ocurrido que te ha puesto muy enojado. Tu comportamiento habitual puede hacer que te sea muy difícil reaccionar ante una disputa, pues no sabes cómo expresar tu molestia. El hecho de que estés seguro de que fue el otro quien inició la discusión demuestra que, de alguna manera, logró detonar tus sentimientos de frustración. Es probable que haya sucedido sin intención de su parte, aunque lo realmente importante es que se develó una causa más profunda de tu insatisfacción. Tomar conciencia de que tus frustraciones están siendo expuestas tal vez te haga sentir vulnerable y generar que te pongas a la defensiva.

Aquellos que se ven involucrados en una situación desagradable y sin tener la culpa de ello, así como a quienes se les dificulta expresar sus verdaderas necesidades, tienen este sueño con regularidad. Si en el sueño es tu pareja quien te grita, entonces hay un elemento fundamental en tu relación que crees que es necesario comentar. Sin embargo, puede ser que creas que decir lo que necesitas puede ser más dañino para tu pareja. Un jefe enojado generalmente simboliza tu frustración al ver como ella o él no puede ver tus habilidades. Si, en cambio, quien te grita es una persona que ya murió, esto no significa que esté molesta contigo, sino que eres tú quien está molesto con ella por haberte abandonado.

LA ACCIÓN

Este sueño te dice a gritos que te encuentras en una situación muy frustrante y que te es difícil expresar tus preocupaciones. Sin embargo, no decirlas produce que el resentimiento crezca dentro de ti. Tienes miedo de externar lo que realmente piensas, crees que puedes lastimar a otro con ello, pero tu silencio genera demasiada tensión dentro de ti. Más que encontrar en este sueño un pretexto para empezar a gritarle a la gente, sólo recobra la calma hasta que sientas que tus necesidades están siendo satisfechas de verdad.

EL CONTEXTO

Una de las primeras lecciones que aprendemos de la vida es que ser parte de una sociedad implica que debamos contener parte de nuestros sentimientos, sobre todo emociones como el enojo. Sin embargo, ser incapaz de expresar tu agresividad produce que la acumules dentro de ti y que la tensión se proyecte hacia afuera, de manera que todo el tiempo está latente un conflicto cuando interactúas con alguien más. Más que sólo identificar qué es lo que nos preocupa, la tensión acumulada se puede volver un conflicto interno crónico que absorbe mucha de nuestra energía, dejándonos indefensos y sin poder.

32. No encontrar el camino de regreso a casa

EL SUEÑO

Estás volviendo de un viaje y tienes muchas ganas de regresar a tu casa pero por alguna razón eres incapaz de encontrar el camino. A pesar de que sabes cómo llegar, todo a tu alrededor es realmente confuso. Te la pasas buscando diferentes alternativas pero cada una te lleva más y más lejos del hogar. Aunque otras personas intenten ayudarte, no logran darte las indicaciones adecuadas. Generalmente estás solo. Puedes ir a pie o en algún vehículo.

EL SIGNIFICADO

Cuando sueñas que no puedes encontrar tu casa, significa que en tu vida cotidiana te está costando mucho expresarte. La casa representa tu verdadero ser, ese quien eres cuando te sientes más cómodo en tu hogar. Haber estado de viaje representa que provienes de un periodo de transición y que lo estás superando. Atravesar estos cambios implica que tuviste que comportarte de una manera apropiada para aquel momento, pero que ya no te parece adecuada a las circunstancias actuales. No ser tú mismo te produce frustración, generalmente sucede en el trabajo, donde posiblemente sientes que no estás haciendo lo que quisieras hacer.

También puede ocurrir en una relación de pareja, en la que sientes que tu contribución a la misma no está siendo reconocida o en la que tus necesidades no son satisfechas. Las diferentes rutas que intentas tomar representan los roles que has asumido para complacer a los demás, mismos que te han alejado de tu verdadero ser. A pesar de que otros deseen ayudarte y te orienten sobre cómo llegar, eres tú y nadie más quien debe elegir el camino. Es muy común que en el sueño viajes solo porque se trata de tu identidad y cómo puedes expresarla. Mientras más personal sea el vehículo en el que te mueves, más íntima es el área de tu vida hacia la que el sueño dirige tu atención.

LA ACCIÓN

Este sueño te quiere indicar quién eres en realidad. Puede ser sencillo sumergirte en las vidas y las necesidades de los demás, pero esto puede ocasionar que pierdas de vista tus necesidades y tu verdadero ser. Sin importar cuánto te empeñes en satisfacer a los otros, siempre terminarás sintiéndote insatisfecho y devaluado. Mientras más honesto seas al declarar tus intenciones y tus necesidades al resto de las personas, más auténtico te sentirás.

EL CONTEXTO

"No hay lugar como casa", es el símbolo fundamental para expresar tu identidad en un sueño. A final de cuentas, es el sitio al que queremos llegar para sentirnos en paz y relajarnos. Nuestra casa es donde podemos ser nosotros mismos, sin importar los intereses o los juicios de los demás. El concepto de "tierra natal" también exhibe la identidad de una nación, donde la gente comparte el mismo origen y cultura. Como la tierra natal, tu casa es el sitio del que provienes y generalmente contiene las raíces más profundas de tu identidad.

33. Ser perseguido por autoridades

EL SUEÑO

Un grupo uniformado de personas te persiguen mientras intentas huir desesperadamente. Estás seguro de que te están buscando, pero ignoras por qué. Generalmente tus perseguidores son hombres, uniformados, vestidos de negro, desconocidos. Parecen estar muy bien organizados y es muy probable que lleven armas. Realmente temes que te vayan a matar cuando te encuentren. No importa dónde te escondas o qué tan rápido corras, siempre están a un paso de ti y te persiguen sin descanso.

EL SIGNIFICADO

Soñar que te persigue una autoridad usualmente significa que estás preocupado por tu libertad para actuar y por tus obligaciones. Estos sueños comienzan cuando uno es joven, tiempo en el que se intenta establecer la identidad y la libertad para elegir. Conforme tratas de negociar tus necesidades individuales sobre las normas colectivas de un grupo mayor. Esta situación, invariablemente, genera tensión ya sea con tus padres, tus maestros u otras figuras de autoridad. Esta tensión se puede mantener gran parte de tu vida, de acuerdo con la manera en que intentes balancear tus responsabilidades con tu necesidad de libertad y autodeterminación. Aunque pueda parecer que deseas escapar de tus compromisos, personas responsables con un gran sentido del deber suelen tener este sueño.

La gente que te persigue representa tu sentido de la responsabilidad y del deber, así como la manera en que éste interactúa con tus necesidades personales. Se trata de una parte de ti mismo y, sencillamente, nunca podrás escapar de ella, por mucho que lo intentes. Los seres humanos tendemos a simbolizar tanto a la autoridad como a las licencias para actuar como se nos dé la gana. Puedes sentirte extraño al descubrir este poder. Por otra parte, la ropa negra del grupo indica que esta noción proviene de tu inconsciente. El tamaño y la organización de los individuos que te persiguen te da indicios sobre qué tan organizado puedes ser tú. En el sueño tienes miedo porque sientes que tus responsabilidades puedan matar tu individualidad. Aun así, tú eres la autoridad definitiva para juzgar tu comportamiento.

LA ACCIÓN

Este sueño te invita a que asumas tus responsabilidades y la autoridad que tienes sobre tus acciones. Es sencillo culpar a los demás porque aparentemente limitan tu libertad y te previenen de hacer lo que a ti te gustaría hacer. Sin embargo, mientras más autodisciplinado seas y te responsabilices de tus acciones, más libertad tendrás en tu vida. Una de las grandes libertades es hacer uso de la responsabilidad. Si eres descuidado con las obligaciones que vienen implícitas en la satisfacción de tus necesidades, permanentemente sentirás que eres víctima de las acciones de los otros.

EL CONTEXTO

Nuestro primer referente de autoridad son nuestros padres, quienes nos enseñan a hacernos responsables de nuestras acciones. De niños, generalmente actuamos impulsivamente y correteamos por todas partes, tratando de disfrutar al máximo. Es común creer que la autoridad limita nuestra libertad, sobre todo cuando vamos a la escuela, pero la autoridad nos enseña a ser libres. Ya de adultos, a veces creemos que algunas instituciones u organizaciones quieren restringir nuestras libertades, así que terminamos por compararlas con regímenes autoritarios o fascistas.

34. La casa de tu infancia

EL SUEÑO
Aunque eres adulto, estás en la casa donde transcurrió tu infancia, misma de la que saliste hace varios años. Parece estar como la dejaste cuando te fuiste. Tienes la preocupación de buscar algo que olvidaste. Puede ser que revuelvas los armarios y los cajones de los muebles, sobre todo en la que era tu habitación. Sea lo que sea que busques, generalmente lo encuentras en tu cama y te sientes feliz cuando lo haces. También puede ocurrir que estés en el jardín, jugando con tus amigos de la infancia y con tus juguetes favoritos.

EL SIGNIFICADO
Si sueñas que visitas la casa de tu infancia, indica que estás reflejando algunas de las experiencias que tuviste cuando eras

niño. Generalmente, en los sueños las casas nos representan a nosotros mismos, así que visitar la casa en la que pasaste tu infancia sugiere que estás reviviendo algunas de las influencias más importantes que has tenido en tu vida, y gracias a las cuales formaste tu identidad. Sin embargo, y a pesar de que tu vida actual está fundada en muchas de estas experiencias, puede haber otras partes de tu infancia en las que no tuviste la oportunidad de desarrollarte a plenitud. Tu viejo hogar parece estar como lo dejaste porque estos aspectos de tu personalidad se han mantenido sin cambios. Se trata de cualidades personales que se han vuelto muy dominantes con el tiempo y que requieren que las expreses al máximo.

Conforme buscas en los rincones de esa casa, quieres redescubrir esas cualidades y entrar en contacto con ellas nuevamente. El mobiliario, por lo general, simboliza tus hábitos y recuerdos, mientras que los armarios y los cajones de los muebles representan el sitio en el que guardas tus experiencias infantiles. A pesar de que hayas intentado mantener alejados estos recuerdos, ahora quieres traerlos de vuelta para examinarlos a la luz del presente. Tu cama representa el lugar en el que te sientes más relajado y cómodo contigo mismo, así que encontrar algo ahí significa que estás redescubriendo una parte fundamental de tu ser. Estar en el jardín con tus viejos amigos y tus juguetes sugiere que te diviertes con tu potencial redescubierto.

LA ACCIÓN
Este sueño te anima a explorar las partes desconocidas de tu identidad y a desarrollar tu verdadero potencial, ahora que tienes el tiempo y los recursos para hacerlo. En general, se trata de redescubrir una habilidad de la que antes no habías

tenido la oportunidad o la confianza para expresarla. Puede parecer sencillo seguir ignorándola en tu vida adulta pero debes considerar que se trata de una parte esencial de tu verdadera identidad. Hacer que se pueda desarrollar implicará que logres volver realidad uno de tus sueños de infancia.

EL CONTEXTO

Aprendemos mediante el uso de analogías y empezamos a estar realmente conscientes de nuestra separación con el mundo a partir de los dos o tres años de edad, momento en el que descubrimos que tenemos un mundo interno y un mundo externo. Nuestro primer hogar es una analogía de nuestro ser ya que tiene un adentro y un afuera, lo cual asocia diferentes zonas, con distintos aspectos de nuestro desarrollo personal. Conforme crecemos, nos sentimos motivados para dejar atrás nuestra infancia y en nuestro inconsciente ésta es simbolizada por la casa que habitamos de niños.

35. Ser incapaz de moverte

EL SUEÑO

Una presencia que parece oscura y demoniaca te amenaza y, sin embargo, tú eres incapaz de moverte. No importa qué tanto intentes retorcerte, tu cuerpo parece congelado, como si no se moviera un solo milímetro. A veces puede ocurrir que sientas que un gran peso te oprime en el pecho, dificultándote la respiración. También puede parecer como si algo o alguien permaneciera pegado a ti y te oprimiera mientras te abraza. Otra opción es que te sientas congelado en la nieve o dentro de un hielo.

EL SIGNIFICADO

Soñar que no te puedes mover puede ser una experiencia realmente aterradora, ya que parece demasiado real. Esta aparente imposibilidad para cambiar de posición es producida por una función psicológica protectora que se despliega para prevenir que tu cuerpo se mueva mientras duermes. En lugar de literalmente actuar físicamente tus sueños, tu cerebro manda una señal para bloquear tus miembros y el torso. Esto produce la sensación de parálisis y comúnmente es un sentimiento opresivo, como si una persona o una cosa se colocara sobre tu pecho. La naturaleza de este mecanismo psicológico significa que la parálisis del cuerpo ocurre invariablemente cuando estás dormido. Si despiertas repentinamente, puedes sentirte paralizado, mientras que las imágenes oníricas siguen presentes en tu percepción.

Esto puede producir una variedad de alucinaciones, particularmente de sombras oscuras que pueden ser diversas: un hombre vestido de negro, alguien que te asfixia y te retiene con brazos alrededor de tu cuerpo, o brujas que oprimen tu pecho, entre otras. El sentimiento de falta de aire se debe a que los músculos del pecho se están contrayendo. Mientras más ansioso te pongas, más se tensarán los músculos y más terrible será la sensación. La parálisis del sueño generalmente ocurre cuando estás pasando por un momento de estrés y no descansas suficiente. La deficiencia provoca que te despiertes cansado pero con la mente muy activa. Esto puede ser un detonador de la parálisis.

LA ACCIÓN

Si te levantas y, por más que lo intentes, te sientes incapaz de moverte, lo mejor que puedes hacer es relajarte. Aunque puede parecer intuitivo, al relajarte le das oportunidad al cuerpo de que despierte a su ritmo, y disminuyes la sensación de terror. Para prevenir la parálisis del sueño, asegúrate de que duermas bien. La mejor manera de hacerlo es relajándote e intentando evitar el consumo excesivo de alcohol, nicotina, y los estados de estrés.

EL CONTEXTO

Comúnmente pensamos que la reacción normal ante una situación de peligro es de pelea. Sin embargo, en lugar de querer luchar, la respuesta más usual es la de la parálisis. Al paralizarnos, nos quedamos absolutamente quietos, esperando que el posible atacante no nos haga nada. Esta respuesta natural es algo que tendemos a hacer en el estado hipnótico entre el sueño y la vigilia, un periodo en el que regularmente lo experimentamos. Las figuras que conjuramos en nuestras mentes mientras pasamos por uno de estos estados han pasado a la mitología y las leyendas como espíritus de la noche.

36. Ganar la lotería

EL SUEÑO
Estás revisando los resultados de la lotería y, de pronto, descubres que eres el ganador del premio mayor. Estás tan sorprendido que revisas los números una y otra vez para asegurarte de que no te has equivocado. También puede ocurrir que sueñas que te tropiezas y que caes sobre un tesoro escondido, o que encuentras un maletín lleno de dinero. Conforme la emoción por haber ganado tanto dinero se va calmando, puedes empezar a sentirte ansioso por saber cómo vas a guardar el dinero para que nadie más te lo quite.

EL SIGNIFICADO
Cuando sueñas que ganas la lotería o que te encuentras un tesoro, indica que estás adquiriendo conciencia de una valiosa habilidad de la que eres poseedor. Esta conciencia floreciente puede estar motivada por una gran oportunidad que se acaba de presentar en tu vida. Aunque en un principio parezca que la oportunidad se te presenta sin que hayas hecho algún esfuerzo por conseguirla, la verdad es que esto no pudo haber sido posible sin que echaras mano de las cualidades que te hacen único. Puede ser que tus habilidades hayan permanecido dormidas durante algún tiempo, pero ahora es momento de usarlas al máximo. Así como los números ganadores del boleto de la lotería, todo parece indicar que has tenido buena suerte, aun cuando te cueste trabajo admitirlo.

Encontrar un tesoro bajo tierra, demuestra que posees un talento que yace escondido. A pesar de que eres consciente de que posees esta habilidad, puede ser difícil llevarla a la superficie y expresarla en todo su potencial. Sentir ansiedad por declararte propietario legítimo de la riqueza que acabas de encontrar indica que te sientes inseguro de tu creatividad. Esta duda seguramente está motivada por el hecho de que tus habilidades han permanecido escondidas hasta ahora. Mientras más confianza tengas en tus habilidades y más aceptes el valor de tus cualidades, más sencillo será también que puedas crear oportunidades para ti, en lugar de simplemente esperar a que la fortuna te sonría.

LA ACCIÓN

El valor de este sueño yace en que te demuestra que tienes talentos y habilidades que debes atesorar. Así pues, te motiva a explorar y descubrir estos dones ocultos para que encuentres maneras de expresarlos. La llave para darte cuenta del gran valor de tus cualidades es empezar a celebrarlas, por menores que te parezcan en ese momento. Mientras más atención le pongas a tus habilidades, más oportunidad tendrás de que otros reconozcan tu verdadero valor. En lugar de seguir esperando a ser descubierto, averigua por ti mismo de lo que eres capaz.

EL CONTEXTO

Algunas de las primeras historias que nos contaron cuando éramos niños fueron cuentos de hadas sobre tesoros perdidos. Hay muchos mitos y leyendas que abordan el tema de las riquezas y las tierras prometidas en las que las calles están cubiertas de oro. En estas historias, los tesoros aparecen casi por azar y la versión moderna de este tipo de cuentos es la lotería. De la misma manera, continuamente esperamos que otras personas se tropiecen con nuestras cualidades y nos descubran. La palabra "talento" proviene del latín *"talentum",* que significa "moneda". Por ello, tendemos a equiparar el talento con el éxito financiero.

37. Perder un vuelo

EL SUEÑO
Llegas al aeropuerto lleno de pánico pues sabes que sólo tienes unos minutos para pasar por la seguridad y abordar el avión. Escudriñas desesperadamente la información en el tablero de salidas, pero te encuentras con que está mezclada y es contradictoria. A pesar de que buscas a tu alrededor a alguien que te pueda ayudar, nadie pone atención a tu predicamento. Empiezas a desear haber salido más temprano de tu casa para llegar a tiempo al aeropuerto, pero tenías tantas cosas y maletas que hacer que sencillamente no lo lograste. Tu corazón se inunda de tristeza en cuanto escuchas a tu avión partir.

EL SIGNIFICADO
Cuando sueñas que perdiste un vuelo, significa que sientes ansiedad ante la posibilidad de que tus planes no te satisfagan

de la manera que esperabas. Los aviones son vehículos aéreos que simbolizan las ideas que surcan a través de tu inacabable imaginación. Tratar de alcanzar un vuelo sugiere que estás esperando que alguna de tus ideas despegue y te lleve más allá de la rutina de tu vida cotidiana. Aunque puedas sentir pánico en el momento en que tratas de alcanzar al avión, lo más seguro es que estés bien organizado en tu vida y que tengas un plan y una serie de tiempos y fechas para cumplir con tus objetivos. El sentimiento de ansiedad surge porque, por más bien organizado que estés, nunca parece ser suficiente para ti.

El hecho de que en tu sueño intentes atravesar la zona de seguridad del aeropuerto, sugiere que con frecuencia pierdes la oportunidad de realizar tus ambiciones porque encuentras difícil abandonar la seguridad de tu rutina. La información cruzada del tablero indica que no estás completamente seguro de qué te hará feliz. Probablemente tienes una serie de necesidades conflictivas que te están lanzando en distintas direcciones. Nadie parece darse cuenta del predicamento en el que estás porque siempre has aparentado ser una persona capaz y bien organizada. Por su parte, todas las maletas que tuviste que empacar sugieren que pasas la mayor parte de tu tiempo buscando a otras personas en lugar de satisfacer tus necesidades.

LA ACCIÓN

El mensaje de este sueño versa sobre asegurar la oportunidad de poner tus ambiciones en acción. A pesar de que tengas todo tipo de calendarios para cumplir con tus objetivos, es común que te sientas decepcionado cuando el bienestar y la felicidad no llegan a tiempo. Esto generalmente se debe a que llenas tu vida de muchas actividades en lugar de escoger una acción específica que te lleve al lugar al que

quieres ir. Mantenerte ocupado es la manera de evadir conectarte con el propósito de tu existencia. Para llegar a
donde sea que quieras llegar, necesitas empezar a explorar
las áreas en las que te sientes más seguro.

EL CONTEXTO
El proceso de llegar al aeropuerto y subirte al avión puede
ser tan o más largo que el mismo vuelo. Esto produce que
nos sintamos en constante angustia para llegar al avión porque en nuestro camino puede haber una enorme serie de
imprevistos y accidentes. A su vez, cuando viajan a ciertos
destinos, las aerolíneas acostumbran llegar y salir en horario
fijo, por lo que a veces es necesario esperar en el avión hasta
que cumpla con el horario establecido. De tal modo, los
aviones representan oportunidades que tienen un periodo
muy definido de tiempo. Antes de que se viajara por aire,
nuestros antepasados soñaban con olas o con fenómenos
naturales que anunciaban el mejor momento para la cosecha.

38. Tumbas y cadáveres

EL SUEÑO
Miras que algo muy blanco y pálido surge de la oscura y
húmeda tierra y, cuando te acercas para ver de qué se trata,

descubres horrorizado que has tropezado con un cadáver. A pesar de que no hayas estado involucrado en la muerte de esa persona, te sientes extremadamente culpable e intentas cubrir el cuerpo de alguna manera. Mientras lo haces, descubres más cadáveres enterrados en una tumba colectiva. Entonces te apresuras para ocultar la tumba antes de que alguien se dé cuenta de tu presencia.

EL SIGNIFICADO

Cuando sueñas con cuerpos enterrados significa que estás pensando en tus habilidades ocultas y en cómo sacarlas a la luz e incorporarlas a tu vida. Tropezarte con un cadáver sugiere que tienes una habilidad particular que dejaste olvidada en el pasado. A pesar de que creías que tu oportunidad para usarla se había perdido para siempre, una nueva posibilidad está surgiendo, trayendo tu habilidad al presente. Aunque parezca inevitable, y dadas las circunstancias en aquel momento, te sientes culpable por haber abandonado tus más queridos deseos. Este sentimiento de culpa y arrepentimiento generalmente hace que quieras seguir encubriendo tu talento.

Puede ser que en un principio hayas abandonado tu pasión para satisfacer las necesidades de los demás. Seguramente lo hiciste con el deseo velado de que los demás te aceptaran y te apreciaran, pero en realidad lo que has hecho ha sido matar tu pasión y tu creatividad, y esconderlas superficialmente. Lo que ahora sale a la superficie a través de este sueño es la encarnación de tus habilidades, así como la oportunidad para que tus ambiciones resurjan. Si sueñas que eres el culpable de la muerte de la persona, significa que decidiste abandonar tu don. Soñar con descubrir una tumba colectiva sugiere que puede ser que tengas la oportunidad de poner en práctica tu habilidad recién descubierta trabajando como parte de un equipo.

LA ACCIÓN

Este sueño dirige tu atención hacia la necesidad de hacer resurgir una habilidad que creías muerta. Tu inconsciente sabe que estás en grave peligro de abandonar algo que hace que tu vida valga la pena, aun cuando conscientemente seas tú quien está haciendo esta elección, con la esperanza de que vayas a encajar en un grupo en el que los demás te acepten. No importa qué tanto intentes ocultar tus habilidades, éstas se rehusarán a permanecer bajo tierra y seguirán emergiendo en los momentos más inoportunos. Más que sentirte culpable de tus cualidades específicas, trata de infundirles vida.

EL CONTEXTO

A pesar de que la mayoría de nosotros rara vez nos encontraremos con un cadáver, gran parte de las historias que forman parte de nuestra cultura tienen que ver con asesinatos y cadáveres, así como con los misterios que rodean su fallecimiento. En estas historias, uno de los bandos generalmente busca establecer la causa de muerte. Se trata del típico cuento en el que toda la historia gira en torno a saber quién cometió el crimen. Por ello, es una historia que tiene gran resonancia en nosotros, y sucede por el sentimiento de culpa que nos embarga al saber que nos hemos desecho de una cualidad propia. Aunque sea un cliché que generalmente el culpable sea el mayordomo, lo cierto es que nosotros nos pasamos gran parte de la vida intentando satisfacer las necesidades y los gustos de los demás.

39. Espías y agentes secretos

EL SUEÑO

Tienes la incómoda sensación de que espías o agentes encubiertos te siguen de forma oculta. Aunque intentas distraerlos y escabullirte, en ningún momento dejas de estar bajo vigilancia. A pesar de que intentas racionalizar lo que está pasando, sospechas que tu teléfono ha sido intervenido y que una serie de extraños han estado leyendo toda tu correspondencia. Quieres reportar, denunciar esta situación ante las autoridades, pero te preocupa que sean ellas quienes están detrás de todo el asunto. Sientes como si no pudieras confiar en nadie y te mantienes a la expectativa, al mismo tiempo que intentas estar un paso adelante de quienes te vigilan.

EL SIGNIFICADO

Cuando sueñas que estás en constante vigilancia por espías o agentes secretos, significa que te preocupa expresar tus sentimientos. Los agentes secretos generalmente simbolizan emociones a las que eres muy sensible y que tratas de ocultarle a los demás. Los espías indican que, por más que quieras que nadie se dé cuenta, hay momentos en los que no puedes ocultar tus sentimientos y los revelas sin que te percates de ello. Este comportamiento ocurre cuando te fuerzas a comportarte de una manera, asumiendo una identidad con la que disfrazas tu verdadera naturaleza. A pesar de que seas abierto y honesto, esta situación puede ocurrir cuando tu yo real se rebela contra tu intento por satisfacer los ideales y las expectativas de los demás. Por ejemplo, cuando se hace una dieta muy estricta, uno puede tener momentos en los que tira todo por la borda para escabullirse de la vigilancia de uno mismo y así darle una mordida a un pastel.

Más que admitir cómo te sientes, te la pasas permanentemente en guardia, reprimiendo conscientemente ciertas emociones que no compartes con otras personas. Esto puede hacer que parezcas distante, incluso tal vez intentes comunicarte con mensajes muy crípticos, deseando que las demás personas entiendan qué quieres decir. El miedo a confesar una aventura amorosa o una pasión suele ser detonante de este sueño. A final de cuentas no importa qué tanto intentes esconder tus sentimientos, ellos seguirán escabulléndose clandestinamente de tu vigilancia. Los espías y los agentes secretos generalmente son descritos como individuos poderosos y seductores, y reflejan el desarrollo de tu confianza como una persona encantadora en la medida en que te vuelves más aventurero y aumentas tu autoestima.

LA ACCIÓN

Este sueño te motiva a que develes algunos de tus poderes y pasiones ocultos. Puede ser que te sientas muy tímido como para revelar tus verdaderos sentimientos porque crees que éstos te van a comprometer de algún modo. También puede ser que te resulte extraño revelar lo que sientes y que por eso te preocupa que hacerlo pueda provocar una reacción inadecuada en alguien a quien quieres cerca. Sin embargo, darte permiso para revelar información personal, sobre todo si se trata de tus cualidades o tus sentimientos, puede producir que los demás también se abran ante ti y que surja una serie de nuevas posibilidades.

EL CONTEXTO

Los espías y los agentes secretos suelen ser nuestros personajes favoritos y, usualmente, tienen permiso para romper las reglas con tal de conseguir sus objetivos. Mientras cumplen con sus misiones y buscan revelar el misterio de algún caso, se disfrazan y adoptan diversas identidades. Sus organizaciones están resguardadas en cuarteles secretos, los cuales pueden representar cómo intentas ocultar tus secretos dentro de tu cabeza. De James Bond a Jason Bourne, siempre nos hemos sentido fascinados por los espías y su capacidad para reunir información y descubrir secretos que conducen a entender claramente el valor de las oportunidades.

40. Una bomba que no estalla

EL SUEÑO

Te encuentras paralizado ante una bomba que no ha explotado. Puede ser que incluya un aparato que marca el tiempo en cuenta regresiva y mientras lo hace suena un tic-tac, puede ser llamativo y estar lleno de luces. Otra opción es que la bomba esté semienterrada en la tierra. Algunas veces puede parecer otra cosa y ser bastante inocua, otras, tener un gran botón rojo, tan grande que casi es una invitación a que lo oprimas y hagas estallar todo lo que hay a tu alrededor. Se puede tratar de una bomba nuclear y estar cayendo del cielo. En ocasiones, la bomba sí explota pero, aunque destruya muchas cosas, no te daña.

EL SIGNIFICADO

Soñar con una bomba que no explota sugiere que tienes una oportunidad para hacer una gran transformación en tu vida. Las bombas y los explosivos simbolizan energía acumulada que te preocupa liberar. Esta energía suele generarse por medio de tensión y frustración acumuladas, las cuales no encuentran la manera de salir positivamente. Más que intentar canalizar tu enojo de manera productiva, lo que te preocupa es que toda la situación estalle en tus manos. La cuenta regresiva del reloj muestra que tu paciencia se está terminando y que sientes que no serás capaz de contener tu ira por mucho tiempo. Si está enterrada, la bomba indica que la naturaleza de la frustración es práctica.

Las bombas cayendo del cielo sugieren que tienes un plan o una idea que constantemente es bombardeada por retrasos. Las bombas nucleares indican que tienes el potencial para liberar una gran cantidad de energía que puede transformar por completo tu vida. Sin embargo, te sientes ansioso porque te preocupa que la liberación de esta energía pueda ser muy destructiva y tal vez involucre sentimientos muy dolorosos que, además, puedan prolongarse por largos periodos antes de resolverse. Aun cuando estás dispuesto a expresar tus frustraciones, tienes miedo de que, al hacerlo, regresen a ti como un bumerán. La clave para desactivar esta situación está en comprender que es tu dedo el que está en el botón de la bomba y que eres tú quien tiene control de la situación.

LA ACCIÓN

Este sueño te alerta sobre el hecho de que tienes una enorme cantidad de energía potencial que está ahí para ti y que puedes transformarla positivamente para cambiar algún aspecto de tu vida con el que no estés satisfecho. Necesitas tomar control de tu energía más que seguir esperando que algún factor externo detone su liberación. En lugar de estar todo el tiempo pensando que estás en una especie de corto circuito, trata de mantenerte un poco alejado y decide en dónde quieres depositar tu energía para que sea más eficiente.

EL CONTEXTO

Gran parte del lenguaje con el que nos referimos a la liberación de frustración tiene que ver con palabras y frases asociadas con explosivos, tales como "si algo no pasa pronto, voy a explotar". También usamos frases para celebrar la liberación planeada de energía haciendo uso de ellas. Por ejemplo, al decir que una persona es "dinamita pura", o que un grupo de gente la está "pasando bomba". A pesar de que comúnmente asociamos a los explosivos con grandes explosiones, éstos se usan mucho más para construir que para destruir, desde extraer metales o hacer túneles, los explosivos sirven para remover lo viejo y dar oportunidad a que lo nuevo tenga espacio para surgir.

41. Ganar en una competencia

EL SUEÑO

Ha sido un encuentro muy reñido y te sientes eufórico porque sabes que estás a punto de ganar. A pesar de que jugar contra tu oponente ha sido muy difícil, gracias a tu gran esfuerzo llevas la delantera. Si se trata de un juego en equipo, generalmente eres el capitán y coordinas al resto de tus compañeros para que anoten más puntos. Incluso cuando puedas no ser tú quien anote el tanto ganador, estás encantado al ver cómo el resto de tu equipo se siente motivado por tu presencia y tu calidad como jugador.

EL SIGNIFICADO

Cuando sueñas que ganas un partido se debe a que estás pensando cómo mejorar tu manera de actuar en la vida para alcanzar tus objetivos. Si se trata de una competencia individual, entonces el sueño refleja un reto personal en el que estás involucrado. A pesar de que comúnmente parece como si compitieras contra alguien más para obtener un premio, en realidad estás enfrentando tus miedos y dudas sobre tu potencial. Una victoria individual indica que estás conquistando tus dudas y que estás mejorando tu juego. El hecho de que estés inmerso en un enfrentamiento para cumplir con esta tarea, refleja todo el esfuerzo y el compromiso que has puesto para alcanzar un resultado particular, además de que señala los puntos con los que debes lidiar.

Si en el sueño formas parte de un equipo, se debe a que estás pensando en cómo alcanzar un objetivo de manera colectiva. Aunque en el grupo pueda estar tu familia, usualmente tu equipo refleja a la gente del trabajo con la cual estás intentando alcanzar ciertas metas. Mientras más juegues en equipo, más probable es que puedas tener éxito. Un deporte en equipo también indica que necesitas encontrar tu lugar y reconciliarte con aspectos de tu personalidad. Participar en un juego sugiere que hay ciertas reglas que debes observar para obtener el reconocimiento pleno de los demás.

LA ACCIÓN

Este sueño te invita a que resuelvas tus dudas y temores al momento de actuar. Aun cuando puedas ser consciente de que tienes varias fortalezas, es probable que estés inseguro por otras áreas en las que te crees vulnerable. Aceptar y trabajar tu vulnerabilidad te ayudará a ser más fuerte y a alcanzar mayores éxitos. El punto clave con el que debes lidiar no es tu rival, sino que radica en conquistar tus dudas y miedos. En situaciones grupales, intenta trabajar con los demás en lugar de pelearte con ellos, ya que esto te permitirá alcanzar tus ambiciones personales y los objetivos del grupo.

EL CONTEXTO

El juego siempre ha formado parte de las actividades del ser humano. Aunque pueda parecer que no tiene un propósito real, se trata de un método vital para explorar nuevas oportunidades y enfrentarte a diferentes escenarios. Conforme el juego se desarrolla, se va haciendo más estructurado hasta que se convierte en un deporte. Estas actividades deportivas son una de las muchas maneras en las que podemos evaluar nuestras habilidades. Es común que algunos de nosotros tomemos al deporte más en serio que a nuestro trabajo. Los deportistas proveen una gran cantidad de inspiración y son ejemplos de individuos o equipos que se enfrentan a la adversidad y la superan gracias a su propio esfuerzo.

42. Estar mal vestido

EL SUEÑO

Estás en un lugar público, generalmente en una reunión importante, y entonces descubres que vistes de manera inapropiada. Algunos de tus colegas pueden actuar como si no pasara nada, pero parte de tu ropa está incompleta, te faltan dos o tres prendas o, sencillamente, estás vestido de una manera que no es adecuada para la ocasión. Puede ser que estés usando un extravagante sombrero lleno de colores o un traje demasiado sobrio; tal vez llevas puestos unos zapatos inapropiados. También puede ocurrir que te percates de que usas la ropa de alguien más, lo cual te hace sentir incómodo pues no te queda bien.

Cuando sueñas que usas ropa inapropiada para una situación particular, significa que estás ansioso por cómo te miran quienes te rodean. Generalmente eliges tu ropa de acuerdo con la imagen que quieres proyectar. Si quieres aparentar ser formal y del tipo ejecutivo, entonces seguramente utilizarás trajes y zapatos finos. Si quieres aparentar ser parte de un equipo, entonces usarás ropa semejante a la de los otros, sin que te importe si es el último grito de la moda o un uniforme militar.

La ropa que vistes también indica tu estatus y tu identidad. Así que usar ropa inadecuada puede demostrar que hay una falta de equilibrio entre lo que quieres aparentar y lo que realmente eres. El tipo de ropa que te hace falta y que estás usando en tu sueño indica la naturaleza de esta discrepancia. Si llevas un mal sombrero, esto se debe a que crees que tus ideas son inadecuadas o que estás desempeñando un rol incorrecto. Llevar encima prendas frívolas y extravagantes, así como un disfraz de payaso, sugiere que no te estás tomando tu lugar en serio. Usar la ropa de alguien más, particularmente si se trata de los zapatos, implica que estás intentando ser alguien que no eres. Usar ropa que no es de tu talla muestra que no cabes o que no quieres caber en una situación determinada.

LA ACCIÓN

Este sueño dirige tu atención hacia las discrepancias entre quién eres y quién aparentas ser. Más que actuar de una manera poco espontánea en la que esperas encajar, necesitas tener en cuenta que hay distintas maneras de ser que se pueden alternar según la situación en la que te encuentres. A veces puede parecer que es más sencillo ocultar tus cualidades pero, en lugar de estar pensando cómo cumplir con las expectativas de los demás, piensa en cómo puedes expresar tu individualidad al mismo tiempo que respetas la naturaleza de las circunstancias en las que te encuentras.

EL CONTEXTO

Los seres humanos usamos ropa desde hace más de 70 000 años. Su función original era protegernos de los embates del clima. Sin embargo, no pasó demasiado tiempo para que la ropa empezara a simbolizar nuestro estatus y nuestra afiliación con ciertos grupos. Así, nuestra vestimenta se fue sofisticando y evolucionó: de ser una simple protección pasó a ser un lenguaje a través del cual expresamos algo de quienes somos. Aunque queramos mantener ciertas partes de nuestra identidad ocultas, generalmente las revelamos cuando vamos a fiestas de disfraces o tradicionales.

43. Protagonizar una película

EL SUEÑO

A pesar de que creías estar haciendo algo que parece ordinario, de pronto descubres que eres el protagonista de una película. Eres el personaje principal y tanto la historia como las demás estrellas que aparecen en ella y los actores de reparto parecen aceptarte de todo corazón. Aun cuando el director te dé algunas indicaciones, enuncias tus diálogos sin dudar y con el conocimiento de cómo se va a desarrollar la anécdota. La historia parece épica y disfrutas de ser el centro de atención. Puede ser que no sea una película, sino un programa de televisión, te diriges con confianza a la cámara y no necesitas revisar el guión para decir las partes que te tocan.

EL SIGNIFICADO

Soñar que estás frente a las cámaras generalmente refleja que empiezas a ver la película completa de tu propia vida. Este sueño sugiere que pasas demasiado tiempo buscando a los demás, y que haces demasiados preparativos detrás de cámaras para que todo salga bien. Sin embargo, ser el protagonista de una película muestra que empiezas a poner atención en tus necesidades y en cómo vivir la vida que siempre deseaste. Tener el papel protagónico simboliza que, al reconocer lo que has alcanzado hasta el momento, puedes llegar aún más lejos y empezar a cumplir tus objetivos de largo plazo.

Conforme empieces a reconocer tus logros, tendrás más confianza en ti mismo. Este sentido de autovaloración te da una dirección definitiva y anima a otras personas a reconocer y apreciar tus esfuerzos. En lugar de esperar a que otros te digan qué quieres hacer, tú sabes que tus necesidades deben ser dichas y satisfechas; esto te dará la oportunidad de experimentar la satisfacción que se siente al protagonizar tu propia vida. Adoptar este punto de vista más amplio también muestra que cuentas con los recursos y la experiencia para transformar tu historia. El director de la película representa tu sabiduría interior y te motiva para que actúes mejor y con mayor confianza en tus habilidades, mismas que quizá has minimizado.

Este sueño pone los reflectores en el hecho de que eres el personaje principal de tu vida, en lugar de un simple extra en el drama de alguien más. En vez de esperar que otros decidan qué es lo que quieres, necesitas ser quien inicie la acción y tome las decisiones. Mientras más dirijas tus esfuerzos hacia tus objetivos, menos dirección necesitarás. También es necesario que te asegures de que sabes reconocer tu talento pues, en la medida en que lo hagas, recibirás también el reconocimiento de los demás por tus logros.

44. Recibir un disparo o ser apuñalado

EL SUEÑO

Un asaltante te apunta con una pistola o te amenaza con un cuchillo. Te sorprendes mucho al ver cómo una bala o una navaja toca tu cuerpo. Aunque te ocupes en intentar no desangrarte, te queda tiempo para preguntar a tu asaltante por qué te hizo daño. Intentas escapar porque te preocupa que continúe el ataque, pero el asaltante te persigue y quiere seguir lastimándote. Aunque parece que no tienes manera de defenderte, descubres que te puedes mover como si estuvieras ileso.

EL SIGNIFICADO

Si sueñas que te disparan o te apuñalan, generalmente significa que sientes que alguien te obliga a hacer algo que no quieres. Las pistolas y los cuchillos suelen representar a alguien que ejerce su poder sobre ti y que te ataca amenazando con las consecuencias que tendrás que afrontar en caso de que no quieras hacer lo que te pide. La bala de la pistola simboliza el daño que esperas de una acción específica. Las pistolas suelen ser más impersonales porque se usan a grandes distancias, por ende, representan una amenaza en una relación profesional. En cambio, los cuchillos se usan en luchas o ataques cuerpo a cuerpo, por lo que representan una relación personal.

A pesar de que la herida de la bala o del cuchillo pueda causarte dolor, te preocupan más los motivos del ataque que la herida misma. Puede parecer que el asaltante no tenía razón para lastimarte pero casi siempre se trata del reflejo de una situación en tu vida cotidiana, donde actúas como si fueras la víctima, convirtiéndote en el blanco de la frustración de los demás. Si en el sueño te niegas a defenderte, significa que en tu vida cotidiana te dejas a ti mismo a disposición para recibir todo tipo de ataques y críticas. En cambio, tratar de huir indica que se te dificulta enfrentar la agresión, por lo que los ataques hacia ti seguirán ocurriendo. La mejor manera de defenderte es hallando el coraje para enfrentar las críticas y poner atención a tus necesidades.

LA ACCIÓN

El significado de este sueño es que permites que alguien más ejerza su poder sobre ti y que no estás haciendo nada para detenerlo. Generalmente ocurre porque estás asustado de ejercer tu poder y buscar lo que realmente necesitas. Sé sutil hasta que encuentres la confianza para asegurarte de que tus necesidades son reconocidas. Mientras más confiado estés en ti mismo, más difícil será que los demás te vean como una víctima potencial para que se aprovechen de ti.

EL CONTEXTO
El uso más generalizado de las armas es el de forzar a otros a hacer algo. Los cuchillos y las pistolas son armas personales y se han convertido en un símbolo de la fuerza y el poder de un individuo sobre otro. A pesar de que es muy extraño que nos topemos con ellas en nuestra vida cotidiana, están presentes en muchas películas e historias. Desde los *westerns* clásicos hasta las películas de suspenso, las personas son obligadas mediante las armas a hacer cosas que van en contra de su voluntad. Hoy, las armas siguen presentes en los juegos de video, en los que el éxito de los jugadores depende de su habilidad para disparar.

45. Tomar el camino incorrecto

EL SUEÑO
Estás seguro de que sabías muy bien hacia dónde te dirigías, pero descubres que estás en el camino incorrecto. A pesar

de que tienes mucho entusiasmo por llegar, entras en pánico al darte cuenta de que la ruta que elegiste te aleja cada vez más de tu destino. Quieres cambiar la dirección pero parece que no puedes hacerlo pues todos los caminos que tomas te llevan en el sentido opuesto. Buscas bajar la velocidad o detenerte para retomar la dirección correcta.

EL SIGNIFICADO

Cuando sueñas que tomas el camino incorrecto significa que sientes que no estás avanzando en la ruta hacia los objetivos que te trazaste. Creías que seguir por un sendero particular te ayudaría a cumplir con tus metas, pero resulta que no es así y que en realidad te estás alejando. Puede ser que creas que tienes la libertad para elegir la dirección que deseas, pero tus decisiones casi siempre están influenciadas por las opiniones de tus compañeros, tus padres y la gente que te rodea. A pesar de que tu camino parezca predecible, seguro y socialmente aceptable, empiezas a comprender que no es el camino que quieres seguir. Esto suele producirse porque vives una vida que está determinada por lo que otros esperan de ti y no por lo que necesitas.

Al comprometerte con el camino que elegiste, descubres que no es satisfactorio y que nunca te llevará a alcanzar la plenitud que esperas. Aunque te gustaría detenerte, tomar la decisión de poner un alto parece más riesgosa que continuar en la ruta. Puede parecer que es más seguro seguir haciendo lo que hacías, en vez de arriesgarte a cambiar la dirección. Como muchos senderos, es fácil tomar un camino que otros ya han seguido y del cual sientes que es difícil salir. También se te puede dificultar bajar la velocidad porque no quieres que todos tus compromisos se deshagan frente a ti.

LA ACCIÓN

El mensaje de este sueño es que tu deseo por complacer a los demás te aleja del sitio al que realmente quieres llegar, esto se está reflejando en quién o qué es lo que te motiva a seguir adelante. En lugar de pensar en lo que los otros podrían considerar aceptable, descubre cuál es tu propósito en la vida. Tener un propósito es mucho más poderoso que un simple plan. Los planes pueden frustrarse por algún evento extraordinario, mientras que los propósitos siempre te darán una motivación fundamental para alcanzar lo que quieres.

EL CONTEXTO

"Destino" es una palabra que se deriva del latín "*destinare*", que significa "escoger el sitio al que se quiere llegar estableciendo un propósito". Un destino puede ser un lugar físico pero en casi todos los casos, los viajes que hacemos tienen que ver con la búsqueda de la plenitud, lo que refleja el destino individual que pretendemos alcanzar. A pesar de que nuestros ancestros consideraban que sus vidas estaban predeterminadas, en la actualidad, se da mayor libertad para que los individuos busquen el propósito de su existencia e intenten cumplirlo. Mientras más te apegues a tu propósito, más claro y seguro será tu destino.

46. Un hijo olvidado

EL SUEÑO

Te sientes horrorizado al descubrir que tuviste un hijo muchos años atrás del cual te olvidaste y acabas de recordar. El bebé generalmente está en un armario y lo encuentras porque buscabas algo más. Aun cuando hayas negado la existencia de ese hijo, cuando lo encuentras sigue vivo e inmediatamente lo empiezas a cuidar. No puedes creer que hayas abandonado a tu bebé durante tanto tiempo y te sientes culpable y lleno de remordimiento. Generalmente, el bebé responde a tus cuidados y pronto se ve sano y activo.

EL SIGNIFICADO

Cuando sueñas con un bebé que olvidaste, suele ser un recordatorio de una cosa que creaste con mucho amor y que después dejaste olvidada. El bebé puede simbolizar una parte muy especial de ti, representa una ambición o una habilidad que posees. Desde hace algún tiempo has olvidado esta cualidad que berrea para llamar tu atención. Aunque no puedas creer que te habías olvidado por completo de tu bebé, comprendes que debiste hacerlo debido a las circunstancias de aquel momento. Ocultaste uno de tus dones más importantes y lo hiciste a un lado para guardarlo en un lugar seguro en el que esperabas recogerlo algún día.

Conforme tu vida siguió adelante, otras prioridades y responsabilidades se antepusieron entre tú y el bebé, por lo cual éste cayó en el olvido. Cuando lo dejaste atrás, por las razones que fueran, seguiste deseando reencontrarlo algún día. A pesar de que el bebé se ve demacrado y horrible, tiene vida y el potencial para crecer y convertirse en un ser hermoso y saludable. Te sientes culpable de haber negado esta parte tan preciosa de ti, pero nunca es demasiado tarde para explorar tu potencial olvidado y redescubrir este amor del pasado. Este bebé es una semilla de tu fértil imaginación que trajiste a la vida y que te puede animar a seguir creciendo.

LA ACCIÓN

Este sueño te comunica que posees una fantástica habilidad o cualidad y que llevas muchos años ignorándola. Es muy sencillo justificar que has olvidado una parte tan importante de ti echándole la culpa al resto de las cosas, pero ahora es momento de dedicar tiempo de calidad al desarrollo de aquello que acabas de descubrir. Aun cuando pueda parecer que te va a llevar demasiado tiempo volver a poner en práctica la habilidad que redescubriste, tienes una capacidad natural para proveerte y desarrollarte.

EL CONTEXTO

El vínculo entre padres e hijos es uno de los lazos más fuertes y genera una de las relaciones más intuitivas de nuestra vida. Los bebés nacen indefensos y sus padres son responsables de cuidarlos hasta que se transformen en seres capaces de cuidar de sí mismos. Este vínculo implica que los padres sacrificarían casi cualquier cosa con tal de asegurar el bienestar de su hijo. Así, solemos describir ideas que aún no se han desarrollado como "recién nacidas". Cuando las abandonamos, podemos llegar a sentir que dejamos parte de nuestras necesidades más profundas. Nuestra creatividad puede conmovernos de la misma manera en que nos conmueven las personas que provienen de nuestra propia carne.

47. Una enfermedad mortal

EL SUEÑO
A pesar de que aparentaba estar sano, alguien cercano a ti ha sido diagnosticado con una enfermedad mortal y estás impactado con la noticia. Puede ser que se trate de una enfermedad muy evidente como un tumor cancerígeno, o que la persona se vuelva frágil y enfermiza. Quizá sea una complicación cardiaca u otra condición terminal. Aun cuando la enfermedad parece incurable, deseas que ocurra un milagro y buscas a personas que puedan ayudar. Puede ocurrir que seas tú quien padece la enfermedad, aun cuando en vida estás completamente sano.

EL SIGNIFICADO
Cuando sueñas con una enfermedad mortal se debe a que te encuentras involucrado en una situación emocional poco saludable. Generalmente, este es un asunto que te hace sentir enfermo, que crees que no tiene solución. Pue-

de ser que durante algún tiempo hayas intentado sobrellevar la situación pero recién te acabas de dar cuenta que no puedes seguir así. Si la enfermedad es cancerígena, entonces el diagnóstico es que alguna situación de tu vida se ha salido de control y empieza a afectar otros aspectos. Esta situación incontrolable puede hacerte sentir como si toda tu energía se gangrenara y algo te carcomiera las entrañas.

Si, en cambio, se trata de una enfermedad cardiaca, quizá estás involucrado en una relación en la que tú corazón ya no responde a este deseo. Más que tratar de convertirte en un romántico empedernido o causarte un paro del corazón, lo mejor que puedes hacer al respecto es buscar alternativas para expresar tu amor. Dolores de estómago sugieren que la circunstancia en la que te encuentras no aporta la plenitud que esperabas. En lugar de tragarte la frustración, intenta condimentar de otra manera la satisfacción de tus necesidades. Una enfermedad que te consume, generalmente refleja que sientes que estás desperdiciando tu talento y derrochando tus oportunidades. Aun cuando tuvieras fe en que en algún momento las cosas mejoraran, el remedio más eficiente es poner manos a la obra.

LA ACCIÓN

El diagnóstico de este sueño indica que estás en una situación poco saludable. Como el cuerpo humano, tus deseos y tus aspiraciones tienen una fantástica capacidad para regenerarse a sí mismos, sin embargo, al ponerte en circunstancias que generan estrés crónico, impides que esto ocurra. Puede parecer como si no pudieras pedir una segunda opinión, o que el resultado siempre será negativo. Sin embargo, siempre hay alternativas para recobrar la salud. Mientras más te ocupes de tu bienestar, más sana será tu manera de ver las cosas.

EL CONTEXTO
Aun cuando no tengas experiencia de sanador, muchos de los programas que vemos en la televisión ocurren en hospitales. A menudo estos dramas tratan sobre la cura de enfermedades mortales, en ellos los pacientes deben cambiar por completo alguna parte de su vida para recobrar la salud. En inglés, la palabra "salud" (*heal*) proviene del anglosajón "*haelen*", que significa "completar" (*to make whole*). Ser realmente sano es consecuencia de realizar aquellas acciones positivas que nos harán sentir completos.

48. Perder algo de valor

EL SUEÑO
Has perdido algo que es muy valioso para ti y, aunque sea algo muy costoso, también puede tener un enorme valor sentimental. Generalmente se trata de tu bolsa o tu cartera, descubres que no la tienes cuando quieres pagar algo. Así como el dinero, la pérdida de estos objetos implica la pérdida de tus identificaciones. No puedes creer que hayas sido

tan descuidado y empiezas a convencerte de que seguramente te han robado.

EL SIGNIFICADO

Cuando sueñas que pierdes algo de valor, se debe a que te la pasas demasiado tiempo pensando en cuánto vales y qué tan valorado te sientes por los demás. La pérdida de objetos de valor indica que inconscientemente sientes que tu autoestima ha disminuido por alguna razón, y que no estás seguro de cómo restaurarla. Estos sentimientos suelen detonarse debido a un cambio en tu situación personal, donde crees que tu valor no es reconocido como antes. Es común que ocurra cuando tu situación financiera se trastoca o cuando pierdes el compromiso y el apoyo de alguien cercano.

En el fondo sabes que eres una persona valiosa, pero el fastidio por haber perdido la bolsa o la cartera para pagar algo refleja la frustración de no ser lo suficientemente reconocido por los demás. La pérdida de tus identificaciones sugiere que tu falta de confianza te impide realizar las actividades que realmente disfrutas. Estar convencido de que te robaron indica que sientes que las demás personas te han robado futuras oportunidades y que, por tanto, son responsables de la pérdida de tu autoestima. Sin embargo, eres tú y nadie más quien debe preservar su autoestima, asegurándote de que tu verdadero valor sea reconocido por los demás.

LA ACCIÓN

Este sueño te invita a que recobres y fortalezcas tu autoestima, así como a que restablezcas tu habilidad para demostrarle tu valor a otras personas. Del mismo modo en que seguirías tus pisadas en caso de que quisieras encontrar algo que dejaste atrás, así también es posible echar luz sobre tu situación para ver las cosas desde una perspectiva más amplia. En lugar de culpar a otros por tus circunstancias, usa este cambio para generar nuevas oportunidades. La mejor manera de sentirte invaluable otra vez, es ser tú mismo. Así, en vez de tratar de impresionar a los demás, concéntrate en lo que más valoras de ti mismo.

EL CONTEXTO

Constantemente medimos nuestros éxitos por el valor aparente de los objetos que acumulamos, ya que éstos son vistos como un reflejo de nuestro valor. Sin embargo, los objetos en sí pueden no ser tan valiosos y reemplazarse con otros. El objeto en sí puede no contener nada importante, ni ser mágico, pero demuestra el valor que le damos y refleja nuestra autoestima. Lo que hace que este objeto preciado sea tan valioso es el sentimiento de autoestima que inspira en nosotros.

49. Ser acechado por un depredador

EL SUEÑO

Estás seguro de que un animal o una criatura te sigue. Te alarmas cuando te das cuenta de que se trata de un depredador, un felino, por ejemplo, que te rodea y se muestra listo para lanzarse sobre ti. Generalmente, el depredador es un león que aparece en un lugar que para ti es familiar como la oficina en la que trabajas o la calle en la que vives. También puede pasar que te aceche un tigre pero tú sólo puedes alcanzar a ver partes del animal mientras te sigue. A veces, una pantera negra puede salir de la oscuridad y lanzarse antes de volverse a perder en las sombras.

EL SIGNIFICADO

Soñar que te acecha un depredador sugiere que te preocupa ser consumido por una parte de tu personalidad que parece peligrosa e incontrolable. Los animales usualmente simbolizan instintos e impulsos incontrolables que estás queriendo reprimir en tu vida cotidiana. Sin embargo, sin importar qué tanto quieras domesticarlos, tus emociones siempre saldrán de las sombras, listas para atacarte en los momentos en que más vulnerable eres. La ansiedad de convertirte en presa de tus sentimientos refleja que eres renuente a entrar en situaciones nuevas y desconocidas. El tipo de animal que aparece en el sueño representa la naturaleza de estos impulsos instintivos.

Si se trata de un león, eres inseguro sobre la manera en que demuestras tu orgullo y tus cualidades. A pesar de que estás seguro de tus habilidades, sientes que las demás personas están listas para atacarte cuando cometas algún error. Los tigres simbolizan una fuerza de independencia así que, si es un tigre quien te acecha, significa que tienes muchas ganas de afirmar tu independencia pero temes que esto te haga parecer agresivo e inalcanzable. Una pantera negra representa el sigiloso poder de las necesidades de tu inconsciente; por ende, si es una pantera quien te acecha, significa que te sientes incapaz de controlar tus motivaciones. Otros depredadores tales como osos o lobos pueden mostrar que te preocupa proteger a quienes te rodean.

LA ACCIÓN

Este sueño te está llamando la atención porque eres demasiado tímido al momento de demostrar tus habilidades instintivas a otros. Estás asustado de que tu comportamiento se vuelva incontrolable y de que las demás personas te rechacen porque les parezcas muy peligroso. Aun cuando tus instintos tienen el potencial de crear confusión, también tienen la capacidad para olfatear oportunidades que de otra manera te podrías perder. En lugar de aprisionar tus instintos, sigue la pista a tus impulsos y observa tus comportamientos. Mientras más consciente seas de tu comportamiento natural, con mayor confianza podrás demostrar tu verdadera naturaleza.

EL CONTEXTO

Aun cuando la mayoría no debemos lidiar con el peligro de tratar con animales depredadores, estamos familiarizados con historias de leones, tigres, panteras y todo tipo de bestias de caza. Desde muy pequeños accedimos a relatos como *El libro de la selva* o *El rey león*. Muchos, aún nos sentimos fascinados por los documentales de la vida salvaje, en los que podemos ver a estos grandes depredadores viviendo su existencia feroz. Asimismo, les atribuimos estas cualidades características a estos animales al hacer uso de frases como "el rey de la selva" o cuando nos referimos a alguien que es muy sagaz como "es un tigre".

50. Un ático que te asusta

EL SUEÑO

Algo inusual sucede en tu ático, pero no sabes qué es. Es casi como si algo terrorífico estuviera sucediendo. Escuchas cómo cruje la madera del suelo y sabes que no debería haber nadie allá arriba. También escuchas murmullos y algunas veces parece como si todo lo que tuvieras guardado en él se acomodara por sí mismo. Te da miedo entrar porque temes encontrarte con un fantasma, pero sabes que debes investigar si es que quieres recobrar la calma.

EL SIGNIFICADO

Cuando sueñas con un ático, se debe a que en tu vida cotidiana te la pasas pensando en tus recuerdos y en tus ideas. Los diferentes cuartos de una casa representan diferentes aspectos de tu personalidad y, ya que está arriba, el ático simboliza lo que sucede en tu cabeza. Un ático se usa generalmente para guardar cosas y lo que se guarda ahí tiende a reflejar los planes y los proyectos que se posponen para un mejor futuro. Comúnmente se trata de ideas que has tenido que abandonar debido a las circunstancias del momento. Pero en la actualidad algo ha pasado que trajo estas ideas y planes a tu mente, que te obliga a retomarlas.

El sonido de la madera crujiendo indica los pasos que debes seguir para traer de vuelta a la vida estas ideas y proyectos, mientras que los murmullos son los pensamientos que quisieras expresarle a los demás. Cuando las cosas que hay en el ático se ordenan por sí mismas, se debe a que tú estás buscándole un orden distinto a tus ideas para encontrar nuevos e innovadores planes. Explorar los deseos y las ideas de tu pasado puede atemorizarte porque devuelven a tu mente a todas las personas en las que te pudiste haber convertido, así como todas las cosas que esperaste cumplir. Aun cuando creías que habías abandonado estos deseos, lo cierto es que los has estado almacenando en tu cabeza, esperando la oportunidad para realizarlos.

LA ACCIÓN

El mensaje de este sueño es que debes poner atención a algunos pensamientos e ideas del pasado, pues quieren regresar a tu mente. Puede ser que los hayas olvidado por completo pero algo los ha traído de vuelta. En lugar de cerrarles la puerta y esperar que se desvanezcan, intenta abrirte a ti mismo para que se presenten las oportunidades que pueden generar. A veces puede ser difícil darle forma a tu pensamiento pero mientras más los explores y los entiendas, más tangibles se volverán.

EL CONTEXTO

Generalmente, en nuestros sueños las casas nos simbolizan. La parte superior representa nuestra mente, la cual también se ubica en la parte superior de nuestro cuerpo. Como un ático, tendemos a considerar a nuestra mente como un almacén en el que guardamos cosas que esperamos nos sean útiles en el futuro. De la misma manera en que redescubrimos nuestras posesiones en un desván, generalmente decimos cosas como "desempolvar una idea" o "traer un plan de vuelta a la luz del día".

51. Un obstáculo insalvable

EL SUEÑO

Quieres alcanzar un objeto pero en tu camino siempre parece haber un obstáculo que te lo impide. Esta barrera puede ser un elemento natural, como un río turbulento o una montaña, y también puede ser un gran abismo o un bosque impenetrable. También se puede tratar de una pared o una puerta cerrada. Mientras tratas de superar el obstáculo, te empiezas a sentir impotente y ansioso. A pesar de que intentas rodearlo, éste se prolonga hacia cualquier dirección posible, haciendo que sea imposible superarlo.

EL SIGNIFICADO

Cuando sueñas con un obstáculo insalvable, significa que en tu vida cotidiana tienes una frustración constante que limita tu progreso. Puede ser que no experimentes esta frustración todos los días, pero está latente, deteniéndote de alguna u otra manera. Aun cuando las barreras parezcan ser externas y físicas, en realidad se trata de la manifestación de una creencia que te limita. Esta falta de confianza en ti mismo generalmente está enraizada en experiencias poco satisfactorias de tu vida. Si el obstáculo es un río, probablemente esta limitación te genera tristeza. Si se trata de un abismo, quien limita tu progreso es tu manera de pensar. Una montaña o una pared indica que sientes que no tienes suficientes recursos para seguir adelante.

Aun cuando se trata de una barrera que obstruye tu progreso, es también una barrera que puedes esconder detrás de ti cuando te sientes vulnerable. Entonces, de ser la barrera que impide tu avance, se convierte en la defensa que utilizas para protegerte de la ansiedad que te produce el futuro. Tus intentos para esquivar el obstáculo reflejan la frustración que sientes en tu vida cotidiana, en vez de enfrentarlo directamente, has desarrollado un mecanismo para sobrellevarlo. Puede ser que este mecanismo te lleve a alguna parte, pero romper la barrera de la autolimitación siempre será más efectivo.

LA ACCIÓN

El mensaje de este sueño indica que debes abordar el asunto lo más pronto que puedas. Aunque parezca impenetrable, la llave de tu vulnerabilidad está en aquellas zonas donde eres más fuerte. En lugar de vivir en tu debilidad, usa la fuerza de tus sentimientos para descubrir qué te retiene. Al poner tus frustraciones en perspectiva, el obstáculo frente a ti se comenzará a hacer proporcionalmente más pequeño.

Conforme el obstáculo disminuya a un tamaño manejable, serás capaz de atravesarlo para ir más allá y aprovechar nuevas oportunidades.

EL CONTEXTO

Generalmente describimos nuestros mundos internos como paisajes por los que viajamos de uno a otro. Cuando nos encontramos con barreras producidas por nuestra manera de pensar o nuestras emociones, usamos frases como "topar con pared". El lenguaje que utilizamos para referirnos a un obstáculo, se relaciona con cosas de la naturaleza como "cruzar el río". Al expresar nuestros mundos internos en términos topográficos, podemos compartirle a otros dónde creemos que estamos y las maneras para seguir adelante y superar los obstáculos.

52. Intimidad inapropiada

EL SUEÑO

De pronto te encuentras con que quieres hacer el amor en una situación o en un lugar muy extraño. Puede ser que desees tener un contacto íntimo con alguien más en un lugar público, aun cuando te sientas avergonzado y expuesto frente a toda la gente que está a tu alrededor, a pesar de que nadie parezca darse cuenta de lo que estás haciendo. Tal vez hayas encontrado un sitio apartado, pero la gente se acerca a ti y te interrumpe planteándote cosas triviales. También puede ocurrir que estés haciendo el amor en tu oficina con alguien que no te atrae en lo absoluto. Quizá, mientras haces el amor, también haces algo que es sumamente mundano.

EL SIGNIFICADO

Cuando sueñas que haces el amor en lugares extraños, significa que algo inusual está pasando en tu vida que te está animando a ser más consciente de tus cualidades. Soñar que haces el amor no se debe a un deseo de satisfacción, sino a tratar de desarrollar una comprensión más profunda de tus habilidades. Querer hacer el amor en público sugiere que sería mejor desarrollar estas habilidades en privado, en vez de que lo hagas en el trabajo o en un sitio en el que te sientas vulnerable y expuesto. Puede ser que creas que es inapropiado sentir excitación al estar en público, pero el hecho de que en el sueño nadie más se percata de ello, significa que las personas que forman parte de tu vida confían en ti y en tus cualidades.

Cuando sueñas que encuentras un lugar más o menos oculto para hacer el amor pero la gente llega a distraerte, demuestra que no te das suficiente tiempo y espacio para desarrollar tus cualidades y apropiarte de ellas. Por su parte, ese alguien con el que estás haciendo el amor puede no resultarte atractivo, pero posee una cualidad que admiras inconscientemente. No se trata de cualidades románticas sino profesionales, tal vez aptitudes para afrontar ciertas situaciones. Conforme más te acerques a tus cualidades, estos abrumadores sentimientos de excitación y diversión trascenderán a la rutina de tu vida cotidiana.

LA ACCIÓN

El mensaje de este sueño es que empiezas a alcanzar un mayor nivel de conciencia sobre las características únicas de tu personalidad. Generalmente mantienes para ti estos aspectos ya que, por considerarlos demasiado personales, no sabes cómo manejarlos en público. Sin embargo, conforme tu conciencia crece, descubrirás que cada vez es más difícil contener la excitación y la pasión por tus nuevas habilidades. En lugar de censurar cómo expresas tus cualidades, trata de crear un espacio y un tiempo únicos y privados; así podrás ganar confianza y mayor conocimiento sobre cómo usar tus nuevas habilidades.

EL CONTEXTO

El acto de hacer el amor también se conoce como "procrear" y está íntimamente ligado con el proceso creativo. Cuando nos sentimos emocionados por nuevos planes y proyectos, decimos cosas como "concebir ideas" o "darles vida". Esta habilidad para crear algo único puede ser especialmente emocionante, particularmente en la etapa de conceptualización, donde las posibilidades parecen interminables. El proceso creativo se puede volver apasionante para quienes tengan la necesidad profunda de expresarse a un nivel más íntimo. Sin embargo, crear algo que sea especial requiere que el creador se abra y exponga sus vulnerabilidades e inhibiciones.

53. Una batalla de vida o muerte

EL SUEÑO

Estás engarzado en una batalla de vida o muerte con un adversario muy fuerte y poderoso. No importa cuántas veces lo patees o lo golpees, tu enemigo parece hacerse más fuerte y tú te sientes cada vez más desesperado por derrotarlo. Aparentemente, la batalla sólo puede tener un posible resultado: alguno de los dos tendrá que morir. Sin embargo, tus ataques parecen no tener efecto en tu oponente y él se burla de tus esfuerzos inútiles.

EL SIGNIFICADO

Soñar que estás en una batalla de vida o muerte indica que en tu vida cotidiana enfrentas una situación que parece amenazar tu existencia. Generalmente, esta amenaza se percibe como una cosa trivial. La creencia de que es algo de vida o muerte es producida por tu sensación de vulnerabilidad. Usualmente sientes que necesitas ganar todas las discusiones, sin que importe qué tan relevantes sean, pues crees que necesitas proteger los aspectos más sensibles de tu personalidad. Aun cuando te gusta aparentar una imagen fuerte y robusta, una parte de ti se siente débil e indefensa. Estás desesperado por proteger dicha área vulnerable porque crees que otros pueden sacar provecho.

La razón por la que tu adversario parece predecir todos tus movimientos es que, en realidad, estás encerrado en un conflicto interno contigo mismo. En lugar de apreciar tus talentos y habilidades, pasas la mayor parte del tiempo tratando de proteger las que crees que son las grietas de tu personalidad. Estás desesperado por destruir tu debilidad pero, en el proceso, ignoras que también tus fortalezas pueden terminar disminuidas. La batalla que libras no es contra estas grietas en tu armadura, se trata de una batalla para aceptarlas. Tu ser más sabio intuye esto, por eso se divierte con tus intentos por tratar de aparentar ser invulnerable.

LA ACCIÓN

Este sueño refuerza el hecho de que siempre haces todo lo que está a tu alcance, sobre todo al momento de tratar de conseguir tus objetivos. Necesitas preguntarte a ti mismo si tu esfuerzo está siendo bien aplicado en las áreas en donde realmente lo necesitas. Una de las técnicas más poderosas de pelea cuerpo a cuerpo son las artes marciales, porque el énfasis está en reconocer la fuerza de tu adversario y usarla en su contra. Una parte fundamental de este tipo de disciplinas es conocer y aceptar tus fallas y tus vulnerabilidades pues, mientras más lo hagas, más fuerte serás.

EL CONTEXTO

Todos los credos y las culturas tienen historias en donde aparecen héroes y heroínas que se involucran en batallas de vida o muerte, donde deben enfrentar a poderosos enemigos. Aun cuando estas historias comenzaron siendo crónicas de batallas reales, la pelea de vida o muerte rápidamente fue mitificada y se transformó en lo que hoy son nuestros juegos y deportes. Este hecho es notorio con los gladiadores de la antigua Roma. Hoy puede verse en deportes como el boxeo o las artes marciales. En la actualidad, estas batallas de vida o muerte constituyen la base de los juegos de computadora más populares, donde el estatus y el éxito de un jugador es determinado por los oponentes que puede eliminar.

54. Tener la boca llena de chicle

EL SUEÑO

Tu boca está llena de una masa pegajosa, como un chicle. Mientras más masticas, más se expande. Aunque quieres escupirla, no logras deshacerte de ella. Puede ser que intentes sacártela con los dedos, pero terminas por hacer un batidillo. Tal vez te sientas ansioso de que el chicle te arranque los dientes de las encías. Crees que provocará que te ahogues si intentas tragarlo.

EL SIGNIFICADO

Cuando sueñas que tu boca está llena de chicle, significa que tienes una enorme necesidad de expresar algo. Cuando sueñas que comes alimentos, simboliza una actividad esencial que puede propiciar una de las mayores satisfacciones de la vida. Masticar indefinidamente un chicle sugiere que te has involucrado en una actividad que ha requerido mucha energía pero que últimamente no te ha hecho sentir pleno. Generalmente se trata de algo que has hecho por alguien más. Aunque al inicio te hubiera parecido estimulante, poco a poco ha perdido su valor, y hoy te aburre.

Te gustaría expresar tus preocupaciones pero crees que la situación se puede volver muy pegajosa si realmente dices lo que tienes en mente. Puede ser que pases mucho tiempo digiriendo la idea de expresarte, pues consideras que el mejor camino es enfrentar la situación. Aunque todo haya iniciado con un asunto aparentemente menor, parece que se ha vuelto algo desproporcionadamente grande. Tus dientes representan tu poder personal y la preocupación de que se dañen significa que te da miedo que, al expresar lo que sientes, vayas a quedar expuesto. Sin embargo, la mejor manera de liberar la frustración es externando lo que tienes en mente.

LA ACCIÓN

Este sueño te anima a externar una opinión que te cuesta mucho trabajo expresar. A pesar de que puedas ser elocuente y articulado, se te dificulta traducir en palabras los sentimientos que te produce esta situación. Tu tendencia natural es guardar silencio y ocultar tu necesidad de decir lo que piensas, pues crees que así evitarás que se generen tensiones y pleitos. Sin embargo, mientras más evadas decir lo que piensas, más complicado será superar la situación. Decir lo que sientes te dará indicios sobre la persona que realmente eres.

EL CONTEXTO

Muchas personas, particularmente los dentistas y los orto-doncistas, asocian el sueño de mascar chicle con el acto de rechinar los dientes por la noche. Ellos creen que la sensa-ción de que se masca chicle se debe a que la persona está rechinando los dientes al dormir. En realidad, ocurre lo inverso: rechinar los dientes al dormir, es un habito común en quienes les es difícil expresar sus sentimientos. Así, esta incapacidad para expresar lo que se siente no sólo produce el sueño de la goma de mascar, sino que genera que la per-sona rechine los dientes. Tanto el sueño de la goma de mascar como rechinar los dientes cesan cuando se logran expresar las necesidades personales.

55. Estar atrapado en el fango

EL SUEÑO

Estás atrapado en un pantano y te cuesta mucho trabajo moverte. Usualmente, el pantano está hecho de lodo y agua, pero es posible que se componga de otra sustancia viscosa o líquida como arenas movedizas o crema. Al principio, tal vez te encontrabas parado en tierra firme, de pronto te comienzas a hundir. Comúnmente puedes sentir como si te inclinaras y fueras capaz de mover tu cabeza y los brazos pero no tus piernas. Mientras más intentas moverte, más hundido te sientes y más energía requieres para avanzar.

EL SIGNIFICADO

Cuando sueñas, tus piernas representan tu impulso fundamental para moverte por la vida. Si sueñas que tus piernas no se pueden mover, se debe a que hay algo que te está deteniendo. En lugar de ser una barrera que bloquea tu camino, un pantano lleno de una sustancia viscosa refleja una situación más compleja que te retiene. En los sueños, los líquidos suelen representar las emociones, así que aun cuando en un principio creías estar parado sobre una base sólida, la situación que enfrentas te lleva a sentir que te hundes. Aun cuando lo más usual es que te hundas en un pantano, en el sueño también te puedes estar hundiendo en otro tipo de sustancia, como melaza o crema. Esto puede indicar que una situación que al inicio te parecía placentera, hoy te hace sentir atrapado.

Tus circunstancias actuales se deben a tu falta de claridad y certeza emocional. A pesar de que te quieras mover hacia adelante, sientes que estás atascado en una situación emocional irresuelta. Para resolver esta serie de circunstancias, necesitas dejar de compadecerte por tus emociones, y tender una línea de la que te puedas sostener. Mientras más clara sea tu posición, más rápido podrás avanzar. En el sueño, tu cabeza se inclina porque teóricamente puedes ver qué es lo que necesitas hacer. Sin embargo, por mucho que teorices, nada va a ocurrir hasta que no des pasos prácticos para avanzar y salir de la situación.

LA ACCIÓN

El mensaje de este sueño indica que necesitas pensar menos y actuar más para seguir en movimiento. En lugar de teorizar sobre cómo podrían ser las cosas, necesitas poner tus planes en acción. No intentes hacerlo todo al mismo tiempo y empieza con un paso a la vez. Estos pasos iniciales probablemente requieran mucho esfuerzo. Puede parecer más sencillo darte por vencido al ver que no avanzas demasiado. Mientras más ímpetu imprimas, más fácil te será caminar hacia el futuro.

EL CONTEXTO

Aun con todos los medios de transporte de los que disponemos en la actualidad, el método primario de movimiento sigue siendo moverse con las piernas y, por ello, gran parte de las expresiones que usamos para referirnos al progreso se refieren al acto de caminar. Así, usamos frases como: "el paso del tiempo" o "con paso firme". Cuando corremos o caminamos, tratamos de hacerlo en suelo firme, pues nos da apoyo confiable y seguro. El sentimiento de tener las piernas varadas también se puede experimentar en los estados hipnóticos que ocurren entre el sueño y la vigilia, momento en que creemos enredarnos con las sábanas y las cobijas.

56. Un animal abandonado

Escuchas un gimoteo que proviene de una caja o de un armario y, cuando lo abres, te entristeces al descubrir un animal abandonado. Generalmente el animal es una mascota que alguien olvidó. Seguro está terriblemente hambrienta y con sed, así que te apresuras a darle comida y agua, esperando que sobreviva. Aunque te preocupa que muera frente a ti, te empiezas a enojar y tratas de pensar quién pudo abandonar a un animal tan hermoso de esa manera.

EL SIGNIFICADO
Cuando sueñas con un animal abandonado, generalmente se debe a que hay una parte de tu naturaleza que estás ignorando inconscientemente. Encontrar a un animal en una caja o en un armario sugiere que has tratado de ocultar tus instintos naturales por alguna razón. Tal vez por una situación de tu vida cotidiana donde parece que necesitas esconder tus sentimientos verdaderos para coexistir pacíficamente con los demás. El animal abandonado casi siempre es una mascota doméstica y esto indica que has abandonado tu necesidad de amor incondicional y afecto. Seguramente te puede llegar a molestar mucho que la gente cercana a ti te niegue su afecto.

El tipo de animal que encuentras refleja la naturaleza de la emoción que has abandonado. Los perros y los cachorros representan tus sentimientos de lealtad y afecto, así que un perro abandonado puede indicar que sientes que alguien cercano a ti te ha sido desleal. Los gatos muestran tu necesidad de independencia, mientras que los conejos tu potencial para crecer sanamente. Los peces representan tu necesidad de sumergirte en tus sentimientos de vez en cuando, y los animales más grandes y de trabajo, como los caballos, simbolizan tu habilidad para arrear la energía de tu inconsciente y ponerla a trabajar para ti. Además de reflejar tu necesidad de amor y afecto, el animal olvidado también puede sugerir que has abandonado tu lado más lúdico y juguetón.

LA ACCIÓN

Este sueño te pide que pongas tu atención en aquellas áreas de tu vida en las que posiblemente has abandonado tus necesidades. Tal vez pasas demasiado tiempo tratando de atender las necesidades de otros, en lugar de atender las tuyas. Puede ser que hayas deseado que los demás reconocieran el cuidado y la atención que les prodigas, pero ahora parece que consideran tus actos una obligación. Los animales son incapaces de expresar sus más profundos instintos y necesidades, pero tú sí puedes poner en palabras tus preocupaciones para decir lo que realmente necesitas.

EL CONTEXTO

Una de las primeras cosas que aprendemos a hacer es demostrar nuestro afecto, primero a nuestros padres, luego a un animal de juguete pachón y suave, casi siempre un oso de peluche. Este animal se vuelve el objeto de nuestro amor incondicional y casi siempre sentimos que el oso de peluche corresponde de la misma forma. Conforme crecemos, puede ser que adoptemos a algún animal como mascota, y le profesemos el mismo amor incondicional, el cual esperamos que nos sea devuelto. Estos peluches y mascotas representan nuestro instinto natural para amar y necesitar ser amado por los demás.

57. Ser perseguido por los zombis

EL SUEÑO
Estás en un lugar público a plena luz del día y te empiezas a sentir aterrorizado al descubrir que te persigue una pandilla de zombis. Ellos se mueven de una manera tan atropellada que no puedes creer que te están alcanzando, entonces corres lo más rápido que puedes. Tratas de esquivarlos pero nada parece detenerlos en su camino hacia ti para intentar convertirte en uno de los suyos. Aun cuando los zombis sean los perseguidores más comunes, pueden ser también hombres lobo.

EL SIGNIFICADO
Soñar que te persigue una pandilla de zombis sugiere que estás involucrado en una actividad tonta y repetitiva, que realizas por inercia. Esta actividad generalmente se asocia con

tu vida laboral y usualmente tiene que ver con actividades engorrosas que parecen agotar tu energía. Esta situación te deja muy poco tiempo libre para perseguir los deseos y las ambiciones que realmente te importan, lo que puede provocar que abandones tus planes más preciados, particularmente aquellos que tus padres o tus compañeros te recomiendan olvidar. Aunque creías que tus ambiciones estaban muertas, ellas han permanecido acechándote desde el limbo, esperando la oportunidad para habitar la realidad.

El torpe avance de los zombis refleja que sientes que no estás llegando a ninguna parte en tu vida profesional, aun cuando sabes que has trabajado lo más duro posible. El miedo a que te atrapen sugiere que temes ser preso de tu trabajo actual, pues se ha convertido en una verdadera tortura para tu alma. Sin embargo, los zombis tienen el potencial para representar todas las cosas que quieres alcanzar, y te persiguen con la única intención de que les des un aliento de vida. Si, en lugar de zombis, te persiguen vampiros, indica que tu energía está siendo drenada por una relación amorosa. Ser perseguido por hombres lobo significa que los compromisos familiares no te dejan tiempo para perseguir tus ambiciones.

LA ACCIÓN
Este sueño te alerta sobre el hecho de que tienes una cualidad única que has estado ignorando. A pesar de que asumías que la oportunidad para expresar esta cualidad estaba muerta y enterrada, es tiempo de darle nueva vida a tus esfuerzos. Al traer de vuelta a la vida tus ideas y tus planes, revitalizarás tus ambiciones y sentirás que sí tienes un verdadero propósito. Los zombis generalmente tratan de co-

merse el cerebro de sus víctimas y este sueño te empuja a usar tu cerebro y a liberarte del conformismo para que logres expresar tu individualidad.

EL CONTEXTO

A pesar de que los zombis puedan ser bastante monstruosos, el miedo real no es que nos maten, sino terminar viviendo una existencia letárgica como la suya. Aun cuando los zombis puedan formar parte de nuestra cultura popular gracias a películas como *La noche de los muertos vivientes,* estos seres se inspiran en el vudú y en la tradición de los hechiceros que logran reanimar cadáveres. Desde entonces, ellos han venido a simbolizar las hordas de trabajadores y empleados que abandonan su individualidad para ser controlados por sus jefes dentro de grandes corporativos; idea que fue poderosamente descrita por Fritz Lang en *Metrópolis.*

58. Estar en una calle o ciudad desconocida

EL SUEÑO

Te encuentras en medio de una calle o una ciudad desconocida. Los edificios, las calles y el horizonte te parecen vagamente familiares, pero como si todo hubiera cambiado de lugar. Puede ser que las luces de las calles o la luz del día se vean extrañas, demasiado intensas y brillantes. En el sueño, tal vez busques orientarte mirando las calles o la señalización, pero sabes que eso no te ayudará. En lugar de quedarte parado, escoges otra dirección y te mueves esperando encontrar cosas familiares.

EL SIGNIFICADO

Cuando sueñas con una ciudad, estás pensando en ensanchar aspectos de tu vida y la experiencia y la sabiduría que tienes hasta el momento. La ciudad representa tu identidad pública y los edificios son las relaciones que has construido a lo largo de los años. Las calles simbolizan cómo esas personas se conectan entre sí y el horizonte puede significar el nivel de importancia que tienen para ti. Aunque la ciudad te parezca vagamente familiar, el hecho de que las calles y los edificios parezcan haber sido movidos de lugar sugiere que estás reflexionando sobre el conocimiento acumulado a lo largo de tu experiencia y que buscas nuevas maneras de ver las cosas.

La iluminación extraña implica que estás analizando tu experiencia y tu conocimiento acumulado desde una nueva perspectiva, lo que puede ayudarte a encontrar nuevas maneras de comprender las cosas. Conforme tratas de orientarte, te familiarizas con la manera de explorar estas posibilidades. Por ende, poner atención a la señalización indica que buscas señales que confirmen tus intenciones. Aun cuando pueda parecer que una ciudad nunca cambia, siempre está en movimiento y saturada de actividades. Esto indica que te sientes contento y que no deseas cambiar, pero que una parte de ti siempre está ahí, afuera, preguntándose y buscando, cuestionándose sobre nuevas oportunidades para dejar huella.

LA ACCIÓN

Aunque te sientas contento con la estructura bien conocida de tu vida cotidiana, el mensaje de este sueño es que una parte de ti siempre está explorando, preguntándose acerca de la existencia de nuevas posibilidades para entrar en contacto con algo que te trasciende. Esto no significa que debas cambiar tu vida, sino que estás abierto a expandirte y acumular más experiencias, conocimientos y sabiduría. Conforme explores distintas maneras de compartir tu estado de conciencia, te encontrarás expandiendo los horizontes de las demás personas y convirtiéndote en un punto de partida para nuevas exploraciones.

EL CONTEXTO

Nuestras ciudades son creaciones espectaculares que hemos construido en un periodo de tiempo y, al igual que nuestras experiencias y nuestra sabiduría, nos proveen de una abundante cantidad de recursos que están llenos de conexiones y posibilidades. Al igual que nuestro conocimiento y conciencia, las ciudades parecen estáticas, pero siempre están en constante evolución. Esta continua reconstrucción y reimaginación hace que las concibamos siempre "en construcción", más que "construidas" o "por construirse". De la misma manera, nosotros siempre estamos en constante evolución, construyendo a partir de nuestra experiencia y sabiduría.

59. Casarse o divorciarse

EL SUEÑO

Después de lo que pareció un gran esfuerzo de planeación y organización, estás caminando por el pasillo, a punto de casarte. Aun cuando se trata de una gran ceremonia, puede ser que tengas la impresión de que te vas a casar por la presión de alguien más. Te cuestionas sobre el compromiso que estás a punto de contraer y no puedes confiar en tus votos nupciales. A veces no puedes estar seguro de con quién te vas a casar, pero sabes que necesitas hacerlo. Otras, aunque estés felizmente casado, puedes soñar que te divorcias o que te estás divorciando.

EL SIGNIFICADO

Cuando sueñas que te vas a casar o a divorciar, significa que estás considerando tomar una decisión de gran envergadura o de comprometerte con algo importante. El matrimonio simboliza la unión de dos opuestos y este sueño sugiere que intentas unir dos aspectos diferentes de tu vida. Puede ser que quieras empezar una familia y que estés pensando cómo balancear esto con tus obligaciones laborales. También puede reflejar que has tomado un nuevo compromiso en tu trabajo y que estás pensando cómo integrarlo a las obligaciones que ya tenías. A pesar de que te parezca que este nuevo acomodo puede funcionar en teoría, comprendes que debes caminar por una línea muy delgada para hacer que funcione en la práctica.

Si en el sueño te sientes presionado para casarte, suele indicar que te estás poniendo bajo demasiada presión para cumplir con los nuevos compromisos. Aun cuando estás ansioso por la inminente carga de trabajo, te armas de valor y aseguras a los demás que puedes hacerlo. No conocer la identidad de la novia o del novio sugiere que estás inseguro respecto a tu compromiso, y empiezas a dudar que te vaya a quedar algún tiempo libre para ti. Soñar con un divorcio sugiere que crees que estás comprometiendo mucho tiempo y esfuerzo en una obligación particular, que realmente quieres abandonar porque genera que tu vida se llene de caos.

LA ACCIÓN

El mensaje de este sueño es que tratas de balancear tus compromisos, sin incumplir las promesas que le has hecho a otros. Puede ser muy complicado que cumplas con todas tus obligaciones y es muy seguro que te empieces a sentir desbalanceado. En lugar de preocuparte en demasía por tus compromisos con los demás, ocupa mayor tiempo pensando en las obligaciones que tienes contigo mismo. Mientras más puedas balancear tus ambiciones y necesidades, más sencillo te será cumplir los compromisos adquiridos con otras personas.

EL CONTEXTO

Una de las grandes decisiones que una persona puede hacer es comprometerse a pasar el resto de su vida con otra. Así, contraer matrimonio, simboliza un compromiso de largo plazo. El matrimonio es una bendición, y una fuente de fortaleza y confort, pero también puede ser un área de compromiso donde se hace necesario equilibrar nuestras necesidades con las de alguien más. Esta relación conyugal se convierte en una unión muy poderosa de necesidades e intereses. Cuando éstas dejan de ser compatibles, ocurre el divorcio.

60. Un sótano oscuro

EL SUEÑO

Escuchas un sonido extraño que proviene de tu sótano y, aunque intentes ignorarlo, sientes que deberías indagar qué pasa. Conforme abres la puerta del sótano, sientes miedo al desconocer qué se mueve allí. Poco a poco bajas las escaleras, con una linterna alumbras el espacio, los efectos de la luz crean sombras con formas terroríficas en las paredes. Este sótano puede estar inundado, estás seguro de que algo terrible se te aparecerá. Cuando descubres qué originó el alboroto, te sientes sorprendido.

EL SIGNIFICADO

Cuando sueñas que algo ocurre en el sótano, indica que eres más consciente de tus comportamientos más fundamentales, y cómo los expresas en tu existir. La casa te simboliza, y el sótano representa tus comportamientos más básicos y cómo constituyen el cimiento para actuar instintivamente. A pesar de que trates de ignorar tus instintos primarios, este sueño demuestra que algo los retiene en tu mente. Puede ser que te sientas ansioso de explorarlos a profundidad porque sientes que no tienes idea de qué se mueve en las regiones desconocidas de tu personalidad. Conforme tratas de alumbrar estas características, pueden parecer mucho más oscuras y aterradoras de lo que realmente son.

Usualmente el sótano está inundado porque el agua simboliza tus emociones, algunas son motivadas por instintos básicos y se comportan fuera de la lógica y el pensamiento racional. El moho y los hongos muestran que existe un gran potencial de crecimiento en tus comportamientos que deberías empezar a alumbrar. Tu mayor miedo puede ser que tus instintos e impulsos emerjan y se vuelvan más poderosos que tú, lo que causaría muchos conflictos. Pero, mientras más ilumines tus comportamientos primarios, más fuerte y más seguro te volverás acerca de tu personalidad. Puede ser tentador tratar de ocultar estas partes de ti, porque desconoces que son elementos fundamentales de tu propio ser.

LA ACCIÓN

Este sueño dirige tu atención a la posibilidad de mirar con profundidad dentro de ti. Algunas veces puede ser perturbador examinar a fondo tus motivaciones, pero una sana comprensión de tus necesidades básicas es una plataforma mucho más confiable para alcanzar tus más grandes deseos y aspiraciones. Mientras más comprendas los patrones de comportamiento primario que te rigen, más sólidos y seguros serán tus cimientos. Aunque explorar tus experiencias pasadas te parezca un acto oscuro y caótico, éstas guardan información vital y recursos que te harán sentir más firme en tu presente.

EL CONTEXTO

La casa representa al ser y el sótano a la poco frecuentada parte de la psique que soporta al ser. Aun cuando pueda parecer más fácil mantenerlo cerrado, el sótano simboliza el depósito psicológico en el que guardas experiencias iniciáticas, lo que da origen a las miles de historias para niños donde un monstruo suele habitarlo. También se trata del lugar en el que están las tuberías y la calefacción, por lo cual siempre está lleno de sonidos extraños. En este sentido, entramos al sótano sólo cuando hay algo que arreglar.

61. Estar atrapado en una guerra

EL SUEÑO

Estás atrapado en medio de un conflicto bélico y tratas de escapar de la muerte y la destrucción huyendo hacia un lugar seguro. Grandes explosiones ocurren a tu alrededor, las balas pasan silbando a tu lado, y experimentas permanentemente la sensación de peligro. A pesar de que intentas evadir el conflicto, estás peleando, quizá atorado en una posición defensiva o en la retaguardia de un batallón que emprende la retirada, tratas de protegerte al tiempo que intentas escapar. También puede ocurrir que guíes a un grupo de personas hacia un lugar seguro.

Cuando sueñas que estás atrapado en una guerra, sugiere que atraviesas por una tensión extraordinaria en tu vida. A pesar de que no necesariamente se trate de un conflicto abierto con otros, la batalla se presenta sin descanso dentro de ti y en cualquier cosa que hagas, por lo que no crees que en algún momento puedas llegar al santuario de un compromiso pacífico. Tener necesidades conflictivas que son difíciles de satisfacer generalmente producen tensión. Esto puede ocurrir cuando te fuerzas a hacer algo que no quieres, sólo por mantener la paz con los demás. Sientes que abrirte y decir públicamente lo que piensas puede ser un acto destructivo, capaz de poner fin a tu relación con los demás.

Aunque deseas mantener tu conflicto interno bajo control, surge inesperadamente, causando daños colaterales. Debes ser cuidadoso con lo que dices en caso de que esto provoque alguna discusión, por lo que estás constantemente ansioso por decepcionar a las demás personas. A pesar de que estés tratando de resolver la situación amigablemente, puede ser que te encuentres a la defensiva y que esto le parezca muy agresivo a la persona con la que estás tratando. Así como intentas resolver tu conflicto interno, puede ser que trates de resolver el conflicto de un grupo numeroso de personas. Esto te puede convertir en blanco para que los otros te apunten con su enojo, depositando su frustración en ti.

LA ACCIÓN
El mensaje de este sueño es que estás queriendo evadir un conflicto que te provoca mucha tensión. Sin embargo, mientras más trates de escapar y de evadirlo, más seguro es que te veas arrastrado en él. Más que intentar escapar de la si-

tuación, la mejor estrategia es exponer el conflicto abiertamente para confrontarlo con honestidad. Aunque te sientas vulnerable por ello, esta acción te pone en control de la batalla, por lo que te permite resolverlo.

EL CONTEXTO

Mientras que la mayoría no hemos experimentado un conflicto bélico, los medios de comunicación masiva estás llenos de este tipo de imágenes. Muchas de nuestras películas e historias tienen lugar en zonas de guerra y gran parte de éstas abordan el tema del escape y la evasión, tales como *El gran escape,* de John Sturges. Nuestro lenguaje está lleno de frases que tienen que ver con conflictos armados, tales como "mantener opiniones enfrentadas" o "ponerte a la defensiva".

62. Ser robado en casa

EL SUEÑO

Estás solo en casa, te relajas, generalmente estás en el piso de arriba. Te encuentras sobre tu cama, de pronto escuchas ruidos extraños afuera. Al principio te preocupa que un intruso se haya metido en tu casa, pero te convences de que todo está bien. Entonces, escuchas ruidos en otra habitación y descubres que un ladrón está adentro. Aunque deseas detenerlo, no quieres confrontarlo pues temes que te lastime. Tu mayor preocupación es que robe tus pertenencias y destroce tu hogar.

EL SIGNIFICADO

Si sueñas que tu casa está siendo robada, se debe a que algo que no es bienvenido está entrando en tu vida. En los sueños, una casa te representa a ti mismo y es el lugar donde te sientes más cómodo y seguro. El sonido inusual que proviene del exterior indica que algo en tu vida está cambiando y que amenaza tu seguridad de algún modo. Este cambio puede ser una gran oportunidad aunque involucre elementos que consideras intrusivos a nivel personal. A pesar de que intentas convencerte de que todo está bien, la situación es cada vez menos cómoda.

La toma de conciencia de que un ladrón ha invadido tu hogar, demuestra los sentimientos de desamparo que tienes para impedir que un intruso entre en tu espacio íntimo. A pesar de que quisieras confrontar a la persona que ha cruzado los límites, crees que hacerlo puede ser contraproducente para obtener la oportunidad que se te ha presentado. Tus posesiones de valor representan las cualidades personales que más valoras en ti, por ende, sientes que la intrusión está disminuyendo tu autoestima. No importa qué tan excitante pueda parecer esta oportunidad, necesitas mantener tus límites personales para no perder el valor de tu ser.

LA ACCIÓN

Este sueño te alerta de una situación donde corres el riesgo de que otro invada tu vida privada. Aun cuando puedas ser muy abierto, te preocupa que dicha persona no reconozca tu valor y que, de alguna manera, te pase por alto. En lugar de permitir que otros se aprovechen de tus cualidades y experiencia necesitas establecer límites personales para que aprecien cuánto vales. Mientras más firmemente reclames tu propio valor, más seguro te sentirás de ti mismo.

EL CONTEXTO

Así como en el hogar guardamos nuestras cosas de valor, también contienen tu valioso espacio personal y privado. Es muy común que el *shock* que produce el que te roben tu casa no sólo se deba a que se llevaron tus pertenencias, sino también a que vulneraron tu espacio personal. A pesar de que nos produce alegría compartir con otros nuestro espacio, no disfrutamos cuando éste es invadido; en lugar de sentir placer, experimentamos una sensación desagradable. Usualmente no creemos que saldremos lastimados cuando alguien entra en nuestro espacio privado, pero difícilmente nos relajamos y nos mostramos tal cual somos.

63. Tener la documentación equivocada

EL SUEÑO

Le estás entregando tus papeles a un oficial y sientes que te vas a desmayar cuando descubres que están mal. Puede ser que le muestres tu pasaporte a un agente de migración, o que entregues tu boleto para abordar un tren. Estabas seguro de que tus documentos eran válidos pero el oficial no te deja de cuestionar sobre ellos. También puede ser que tus papeles estén incompletos o que le pertenezcan a otra persona. El oficial te pedirá que firmes para probar tu identidad pero, por más que lo intentas, no logras hacerlo.

EL SIGNIFICADO

Cuando sueñas que tienes lo papeles equivocados, significa que buscas tu verdadera identidad para que las demás personas la reconozcan y validen. Sin embargo, puede ser que tengas dificultad para expresar lo que realmente sientes y esto genera que los demás se confundan. Tu identidad generalmente se refleja en tus actos, así que siempre será un espejo de las acciones y las decisiones que tomas. Aun cuando te gustaría actuar y tomar decisiones sin restricción, generalmente te sientes poco calificado y buscas que sean los demás quienes validen tus intenciones y decisiones.

También puede ocurrir que te sientas confiado para tomar decisiones en los territorios que dominas, pero el límite que quieres cruzar en el sueño significa que quieres trascender los terrenos conocidos. El pasaporte, o cualquier otra identificación, simboliza tu identidad oficial, mientras que los boletos representan tu autoridad para proceder ante una decisión específica. Encontrarte con que tus papeles son de alguien más, indica que te sientes un impostor o que necesitas la aprobación de alguien más para continuar. Las manos representan tu capacidad de crear y moldear el futuro, así que si tiemblan en el sueño, significa que estás inseguro de qué será lo que pondrás en marcha. A pesar de que sabes que tienes la capacidad para dar un paso adelante, sientes que necesitas un permiso oficial para hacerlo.

LA ACCIÓN

El mensaje de este sueño es que tratas de validar tu identidad, aunque desperdicias tu tiempo esperando que los demás reconozcan tu singularidad y te permitan ser tú mismo. En lugar de esperar a que ellos te permitan ser quien realmente eres, debes reclamar tu identidad y romper las barreras que te impones. Aun cuando pueda ser confortable ser reconocido por otros, debes recordar que eres la autoridad que podrá decidir quién eres y quién quieres ser.

EL CONTEXTO

Cuando tratamos con alguna autoridad, probar nuestra identidad es uno de los procesos más comunes. Mientras no exista un documento oficial que nos avale, podríamos ser cualquiera. Una de las claves de estos documentos son las firmas; de niños, una de las primeras cosas que aprendemos a leer es nuestro nombre. Aún así, a pesar de que los documentos demuestran quiénes somos en el plano físico, ellos no describen la enorme cantidad de oportunidades que debemos aprovechar para tomar conciencia del verdadero propósito de nuestra vida, así como nuestro potencial.

64. Internarse en un bosque o selva

EL SUEÑO

Te abres paso en un bosque o en una selva para llegar al otro lado. Hay un sendero por el que caminas pero parece ser demasiado angosto y apenas visible. Las ramas de los árboles te golpean la cara y la maleza te jala la ropa. Los árboles son muy altos y algunos se han caído, por lo que sus troncos bloquean el camino. Escuchas murmullos alrededor y parece como si cerca de ti las sombras te acecharan. A pesar de que tienes miedo, sigues avanzando.

EL SIGNIFICADO

Cuando sueñas que te internas en un bosque o selva significa que estás descubriendo partes de tu personalidad que tienen la posibilidad de crecer en tu vida cotidiana. El bosque simboliza tu inconsciente y los aspectos que, aunque no puedas ver, han venido creciendo y madurando en tu interior a lo largo de los años. A pesar de que durante mucho tiempo no hayas sido consciente de estas áreas, una situación en tu vida te ha llevado a acceder a ellas de manera profunda. Generalmente sucede cuando vuelves a hechos del pasado para investigar cómo te afectaron. Abrirte paso a través del oscuro bosque para llegar a un claro, demuestra que intentas aclarar una situación confusa.

A pesar de que creas que la autoexploración tiene como fin tratar de resolver un asunto para siempre, conforme te vas internando más en el proceso, éste también se amplía. Las ramas que te golpean el rostro y la maleza que te jala la ropa indican que tu atención se está enfocando en tu identidad y en saber quién eres realmente. Conforme avanzas en tu travesía, es común encontrarte barreras y obstáculos que te obligan a encontrar cómo continuar. Los murmullos y las sombras son tus impulsos instintivos, que temes te puedan lastimar. Aunque pueda parecer aterrador, vas adquiriendo más confianza conforme avanzas, hasta que descubres la raíz de la situación.

LA ACCIÓN
El asunto principal de este sueño es que tienes acceso a una variedad muy basta de recursos que se encuentran dentro de ti. Aunque en principio éstos puedan parecer misteriosos e incontrolables, contienen información valiosa sobre tu crecimiento como persona. Conforme continúas tu travesía de autoexploración, es importante que no pierdas de vista de dónde vienes y a dónde vas. Escoge el sendero que quieres seguir y síguelo, trata de no distraerte con el resto de caminos que se ofrecen ante ti.

EL CONTEXTO
Nuestro primer encuentro con bosques misteriosos ocurre con los bosques encantados de los cuentos para niños. Los bosques de los cuentos de hadas usualmente contienen algo muy valioso, y se requiere de valentía y persistencia para encontrar el tesoro y salir del bosque con él. Los bosques y las junglas son santuarios de personajes misteriosos y pode-

rosos como Robin Hood o las tribus amazónicas. En alguna parte de nuestros paisajes internos hay un bosque silvestre en el que realmente podemos ser nosotros mismos. Como los bosques de nuestros sueños, los espacios que están en el interior y que desconocemos, son lugares donde podemos descansar y reponernos de la vida cotidiana.

65. Un pasillo misterioso

EL SUEÑO

Estás explorando un edificio y abres una puerta detrás de la cual encuentras un estrecho y misterioso pasillo. Es largo y se puede ver cómo se curva a lo lejos. Puede estar lleno de puertas, quizá completamente iluminado o muy oscuro. Estás en alerta, en actitud precavida conforme te internas en él, no sabes qué puedes encontrar más adelante. Mientras avanzas, reúnes valor para ver si alguna de las puertas se puede abrir y husmear en su interior. Generalmente te sorprende lo que encuentras adentro.

EL SIGNIFICADO

Cuando sueñas con un misterioso pasillo, refleja las oportunidades de cambio que tienes en la vida. El edificio te simboliza a ti y las puertas los umbrales que debes cruzar para entrar de lleno en las oportunidades que se te presentan. La puerta que finalmente abres simboliza un límite que intentas traspasar en tu vida cotidiana y esto ocurre cuando, además de la oportunidad que acabas de elegir, otras oportunidades están disponibles. Estos otros posibles cursos de acción se prolongan frente a ti y algunos pueden parecer más brillantes o más oscuros que el resto. Si, en cambio, en tu sueño hay muy pocas puertas, significa que en realidad tienes muy pocas opciones para elegir. Muchas puertas significan lo contrario, esto significa que te abruma la inmensa cantidad de opciones que tienes a tu disposición.

El pasillo también puede parecer un laberinto en el que, al abrir una puerta, te encuentras con otro pasillo que, a su vez, conduce a otro pasillo y así hasta el infinito, haciéndote sentir completamente desorientado. Esto puede indicar que te sientes obligado a tomar ciertas decisiones que te están llevando más y más lejos del sitio al que originalmente querías llegar. Aventurarte dentro del pasillo también simboliza un rito de paso para dejar atrás el pasado e internarte por completo en tu futuro. Así, en lugar de toparte con sorpresas desagradables, abrirte paso a través del pasillo representa un proceso de descubrimiento mediante el cual encontrarás nuevas posibilidades. El pasillo generalmente te conduce a una apreciación mucho más amplia de ti mismo y de las cualidades que posees.

LA ACCIÓN

El asunto clave de este sueño es que atraviesas un periodo de cambios que te llevarán a tomar las decisiones más favorables para ti. A pesar de que te puedas sentir forzado a seguir un sendero específico, tienes el poder de abrir una nueva serie de posibilidades. Cruzar estos umbrales te puede hacer sentir ansioso pero también te permitirá acceder a nuevas etapas de tu vida. La mejor manera de decidir qué opción tomas es darte un tiempo para explorar cada una de las oportunidades que se te presentan.

EL CONTEXTO

Los cuartos de un edificio simbolizan los diferentes aspectos de tu personalidad y los pasillos representan la transición entre estos distintos aspectos de tu propio ser y las oportunidades que se presentan durante el proceso. Todas las culturas tienen ritos de paso en los que los participantes celebran un ritual de transición entre una etapa de la vida y otra. Este proceso de autodescubrimiento es tan instintivo como dinámico. En este sentido, la palabra "pasillo" es una derivación de "paso".

66. Estar embarazada

EL SUEÑO

Tu abdomen se ha hecho enorme y se ha hinchado, descubres que estás embarazada y a punto de parir. A pesar de que tu bebé se ha hecho grande de la nada, parece que le está tomando demasiado tiempo llegar al mundo. Además, tu panza afecta tu vida cotidiana y se está volviendo muy extraño para ti tener que maniobrar cuando caminas. Cuando por fin das a luz, puede ser que alumbres una criatura inusual, un objeto o un bebé realmente feo. También puede ocurrir que sueñes con un aborto o que pierdes al bebé.

EL SIGNIFICADO

Cuando sueñas que estás embarazada, generalmente indica que estás atravesando un largo periodo de espera para que un proyecto se vuelva realidad. Este periodo de gestación sugiere que has estado desarrollando un plan que está a punto de ver la luz, por lo que el sueño te demuestra la necesidad de ser paciente y proveer de los recursos necesarios al proyecto para que finalmente nazca. Aun cuando hayas concebido el proyecto relativamente hace poco tiempo, el hecho es que llevarlo a la realidad tomará mucho más de lo que esperabas. La carga extra de responsabilidad asociada con el proyecto puede dificultar que continúes con tu estilo de vida, por lo que es posible que tu libertad para disfrutar de otras actividades se vea limitada.

Cuando finalmente das a luz al producto de tu amor, puedes sentir que te desmayas cuando descubres que no cumple con tus expectativas ni con tus deseos. Si tu hijo se ve un poco feo o extraño, entonces necesitas dedicar un poco de tiempo para trabajar en las ideas que motivaron el proyecto que pretendes realizar. A pesar de que te puedas sentir decepcionada, sabes que acabas de crear algo vigoroso y saludable que crecerá y se volverá hermoso con el tiempo. Soñar que tienes un aborto o que pierdes al bebé puede indicar que el proyecto se interrumpió debido a razones internas que escaparon de tu control. Como todas las grandes experiencias de la vida, generalmente se debe dar un tiempo entre plantar una semilla y ver cuál es su potencial de vida.

LA ACCIÓN

El mensaje de este sueño es que estás a punto de crear algo maravilloso pero que requerirá tiempo y que necesitas dejar que las cosas progresen a su ritmo. La respuesta clave no es poner atención en el resultado, sino en la preparación que debes tener antes de que esta oportunidad aparezca. Necesitas ser paciente y esperar a que el proceso se ponga en marcha y tome su curso, hasta que finalmente se desarrolle al máximo con el tiempo. Esta puede ser una experiencia muy laboriosa pero le da la oportunidad a tus ambiciones de que tengan mayor posibilidad de concretarse.

EL CONTEXTO

Estar embarazada es uno de los estados más poderosos del ser humano, y demuestra nuestra habilidad para crear algo nuevo a partir de los recursos que tenemos disponibles haciendo uso de la creatividad. Todas las culturas tienen ritos de fertilidad a los cuales se asocian ciertos símbolos, tales como los huevos de pascua o las ranas de los egipcios. Muchas de las frases que usamos para referirnos a nuestros planes e ideas provienen del embarazo y la fertilidad. Decimos "concebir un plan" o "parir una idea", así como "tener una imaginación fértil". También asociamos el embarazo con la sensación de expectativa, lo cual se demuestra en la frase "esperar un hijo".

67. Una posible lesión mortal

EL SUEÑO

Te encuentras en medio de una actividad aparentemente inofensiva y rutinaria cuando de pronto alguien te ataca. El atacante aparece de la nada y te da un golpe que puede ser mortal, antes de que alcances a comprender qué te está ocurriendo. El arma que utiliza generalmente es una herramienta que puede tener a la mano, como un cuchillo o un martillo. No tienes oportunidad de saber que serás atacado. A pesar de que la herida puede ser mortal, estás más preocupado por el motivo del ataque y por qué te pasó esto a ti.

EL SIGNIFICADO

Cuando sueñas que recibes un ataque que puede resultar mortal, seguramente atraviesas una situación que te lastimó profundamente a nivel emocional. Este daño emocional puede ser producto de un cambio en una relación de pareja o de amistad. El atacante parece salir de la nada porque tú no habías caído en la cuenta de que este cambio iba a llegar y que te iba a tomar desprevenido. A pesar de que creías que estabas en una relación saludable, ahora sientes que tu vida se empieza a desmoronar. El objeto con el que te atacan generalmente es de uso cotidiano porque la discordia con tu pareja o tu amigo se produjo por una discusión aparentemente irrelevante, tal vez sobre un hábito o una situación laboral.

Tu preocupación central no es la severidad de la herida, sino el saber por qué fuiste atacado. Aun cuando puedas creer que eres una víctima inocente, tal vez en el pasado fuiste muy complaciente con tu pareja y no te percataste de las señales que indicaban el conflicto que se te venía encima. Las señales de advertencia pudieron haber sido muy sutiles, pero si las hubieras entendido habrías podido manejar la situación de una mejor manera. Creer que fuiste señalado por el destino refleja la ansiedad que te produce que te dejen solo y que se disuelva tu relación amorosa o de amistad. Si en el sueño te mueres, esto es una señal fundamental de transformación y la herida indica que tienes el poder para transformar tu vida y seguir adelante.

LA ACCIÓN

El mensaje de este sueño es que te expones a la decepción al ser muy complaciente con una relación personal específica. Puede ser tentador volverte paranoico y suspicaz acerca de las intenciones del otro, pero esto te victimiza aún más y produce que estés constantemente en un estado de vigilancia. En lugar de asumir que la otra persona siempre estará ahí a tu disposición, trata de relacionarte con ella de manera más honesta y sin segundas intenciones. Mientras más respetuoso seas de los lazos que te unen con los demás, más difícil será que te abandonen.

EL CONTEXTO

Afortunadamente hoy en día es muy difícil sufrir una lastimadura que pueda ser mortal, pero una gran parte de las palabras y frases que usamos para referirnos a las separaciones tienen que ver con el uso de la violencia. Cuando hablamos de crisis financieras, decimos cosas como "grandes recortes", o cuando algo se vuelve muy difícil de hacer decimos que "nos costó un ojo de la cara". Cuando una relación amorosa se termina, a veces decimos que "nos cortaron"; también, cuando alguien nos hace algún daño decimos que nos dio "un golpe en la cara".

68. Un animal salvaje en el jardín

EL SUEÑO
Te estás relajando en tu jardín cuando de pronto escuchas un crujido debajo de la tierra. Las ramas de los árboles se mueven y las hojas se agitan, por lo que descubres que hay algún tipo de animal salvaje muy cerca. A pesar de que no puedas ver al animal de cerca, tienes miedo de que te pueda dañar, así que tratas de volver a tu casa lo más rápido que puedes. Cuando te apresuras hacia la puerta, el animal se descubre para bloquearte el camino. Aun cuando logras entrar, el animal le da zarpadas a la puerta o se estrella contra una ventana.

EL SIGNIFICADO
Cuando sueñas que hay un animal salvaje en tu jardín refleja cómo controlas tus instintos y tus impulsos en las situaciones sociales. La casa te representa a ti, y el jardín, el cual se encuentra próximo a ella, a tus amistades y las relaciones

que has cultivado a lo largo de los años. Como tus amigos, las plantas de un jardín generalmente crecen naturalmente y florecen a su ritmo. La maleza alrededor de las plantas representa las áreas desconocidas o no habladas de tus relaciones. Las zonas vírgenes de ese espacio, la posibilidad para que te relaciones con otras personas. Este sueño indica que buscas señales para saber cómo te comportas en tus relaciones afectivas.

El animal salvaje simboliza la parte instintiva e impulsiva de tu personalidad, misma que intentas contener cuando te encuentras con otras personas. El asunto es que algo en tu contexto social detonará estos impulsos y causará que te comportes como si estuvieras fuera de control. A ti te da miedo que, si no puedes contener estos impulsos, la imagen que los demás tienen de ti se vea comprometida. Más que tratarse de una intrusión, es una oportunidad para descubrir el poder de tu fortaleza y sabiduría innata. El animal también representa la confianza que tienes para afirmarte. Aunque quieras domar o reprimir tus instintos, algunas veces debes dejarlos correr libres para que te infundan con su sabiduría y poder.

LA ACCIÓN
Este sueño revela que te preocupa reaccionar impulsivamente en público. Sin embargo, esta preocupación puede provocar que actúes de manera poco natural cuando te encuentras con tus amigos y compañeros. A pesar de que esto pueda parecer más seguro y socialmente aceptable, también indica que te estás perdiendo de una gran parte de la riqueza y la complejidad que yacen dentro de ti. Al darte un espacio para entrar en contacto con tu verdadera naturaleza, es común que sientas cómo tu vida social empieza a florecer.

Cuando somos niños, el jardín es el primer lugar que exploramos fuera de casa. Así, abre nuestra perspectiva con sus recovecos, olores y sonidos desconocidos. A pesar de que un jardín puede ser cultivado y cuidado, estar cerca de la naturaleza nos conecta con nuestros instintos e impulsos naturales. Los jardines tienen un ritmo natural, lleno de flores y cultivos que también siguen sus propios ciclos naturales. A pesar de que un jardín nos pueda parecer algo común y corriente, usualmente describe parte de nuestra naturaleza humana.

69. Escapar de un tornado

EL SUEÑO

A pesar de que al principio del sueño estás en un lugar seguro como tu casa, tienes una premonición de que algo peligroso está por ocurrir. Cuando miras a la distancia, el cielo se oscurece y ves cómo se aproxima una terrible tormenta, usualmente acompañada por un tornado. Puede ser que seas capaz de escapar, pero parece inevitable terminar en medio del caos. En lugar de escapar, te aferras a algún objeto sólido y esperas a que el tornado siga su camino.

EL SIGNIFICADO

Cuando sueñas con el clima, refleja las eventualidades y conflictos que no puedes controlar. Como el clima, en tu vida hay ciertos aspectos que escapan de tu control y este sueño generalmente viene cuando algo desastroso está a punto de ocurrir. En un sueño, el cielo simboliza tu pensamiento por lo que el evento producirá que tus ideas se oscurezcan. El tornado representa una confusión mental en la que no quieres verte involucrado porque sabes lo mucho que puede afectarte. Puede ser muy fácil ser arrastrado por una ventisca de pensamientos negativos que te hagan dar tumbos lejos de tu seguridad.

Es posible que puedas alejarte del camino que seguirá el desastre al apartarte de la situación. Si parece imposible hacerlo, la mejor manera de salir a salvo es aferrándote a algún objeto de tu vida cotidiana que sea seguro y firme. Como en el ojo del huracán, generalmente encontrarás claridad cuando el desastre esté en su punto más álgido. Es imposible que controles estos pensamientos negativos y lo mejor que puedes hacer es encontrar un refugio hasta que éstos pasen. Conforme la tormenta se aleja, descubres que eres alguien más fuerte de lo que creías, y que gran parte de tu ansiedad se fue con ella.

LA ACCIÓN

Este sueño predice que aires de cambio se aproximan a tu vida. A pesar de que no puedas evitar la transformación, puedes usarla a tu favor para extraer lo más posible del desastre. En lugar de sólo esperar a que el caos inminente llegue, haz un plan para cuidar de ti y de quienes te rodean. Puede ser difícil mantenerte calmado, pero al aferrarte a lo que conoces y en lo que confías, encontrarás que así como llegan, las tormentas también se van.

Generalmente somos inconscientes del aire que nos envuelve y la atmósfera nos puede parecer un espacio lleno de vacío, así que puede ser una gran sorpresa cuando este vacío genera fuerzas tan poderosas como para trastornar y destruir nuestras estructuras. Los tornados se producen cuando el clima está bajo condiciones de volatilidad y tensión como las tormentas, en las que el aire se expresa en poderosas corrientes. Este dramático patrón representa nuestra confusión interna, ya que las inclemencias del clima generalmente parecen surgir de la nada y tener el poder para romper con nuestras rutinas diarias.

70. Una máquina que no funciona bien

EL SUEÑO

Una máquina, en la que comúnmente puedes confiar, empieza a fallar de la nada. Puede ser que la uses como siempre, pero no responde. A pesar de que la prendas y la apagues, la golpees en los costados, la muevas o implementes cualquier otra medida, simplemente no quiere funcionar. La máquina se empieza a volver loca y es peligroso manipularla. Crees que está poseída y que no puedes hacer nada para recuperar el control.

EL SIGNIFICADO

Cuando sueñas con una máquina que no funciona, indica que una parte predecible de tu vida empieza a desintegrarse. Puede pasar esto cuando se rompe la comunicación entre tú y alguien en quien antes confiabas. Aun cuando ya estabas acostumbrado a lidiar con el comportamiento de esta persona, puede ser que des por hecho que él o ella siempre se comportarán de la misma manera. Asumirlo quizá sea factor para acumular estrés y tensión, lo cual finalmente conduce a un rompimiento en la comunicación. Sin importar qué tan frecuentemente o tan fuerte intentes que el otro te escuche, él o ella simplemente no reaccionan como esperas.

En lugar de ajustar tu manera de comportarte, sigues queriendo ajustar la manera en que el otro lo hace, quieres que reaccione como tú esperas. Así, tienes la impresión de que él o ella se ha vuelto irracional y que está dañando su relación. La llave para restaurar y sanar la relación está en dejar de tratarte a ti mismo y a los demás como si fueran máquinas. Es muy fácil pensar en los demás como autómatas, con respuestas predecibles a tus órdenes y con problemas que se pueden solucionar fácilmente apretando el botón de *reset*. Las demás personas tienen vidas propias, y aun cuando te puedas comunicar con ellas e influenciarlas, querer controlarlas deviene en un rompimiento de la relación.

LA ACCIÓN

Este sueño te alerta de una posible falla de comunicación con alguien con quien tiendes a depender. Es común que suceda en las relaciones donde, a pesar de que todo parezca transcurrir normalmente, hay muchas cosas que no se dicen y que yacen bajo la superficie. Con el tiempo, este estrés se acumula y causa rompimientos en periodos de presión. En lugar de intentar reparar la relación una vez que el daño está hecho, es mejor esforzarte en mantener la calidad del contacto que tienes con los demás. Esto asegura que los otros estén ahí cuando los necesites.

EL CONTEXTO

Una de las diferencias principales entre los seres humanos y el resto de las especies es nuestra habilidad para usar herramientas. Estamos tan acostumbrados a usar máquinas y herramientas que son una extensión de nuestros cuerpos y habilidades. Este comportamiento deriva en "antropomorfismo", es decir en otorgarles personalidades y características humanas a las máquinas; así, podemos llegar a ponerle nombre a los autos o a los instrumentos musicales, por dar un ejemplo. Esto también se refleja en cómo algunas personas se expresan con frases que hacen referencia a máquinas, como "puntual como un reloj" o "una vuelta de tuerca".

71. Convertirte en súper héroe

EL SUEÑO

Te enfrentas a una situación terriblemente destructiva y crees que eres impotente para superarla. Puede ser un desastre natural o la aparición de un monstruo o un villano. Estás desesperado por tratar de proteger a tus seres queridos y te sientes fascinado al descubrir que tienes súper poderes, desconocidos hasta entonces por ti. De pronto, te ves levantando montañas o disparando rayos X por los ojos para proteger a las demás personas del peligro. Cuando logras controlar la amenaza, vuelves a tu estado normal.

EL SIGNIFICADO

Cuando sueñas que te vuelves un súper héroe generalmente se debe a que en tu vida cotidiana estás atravesando por una situación en la que te sientes impotente. Esta situación te parece completamente inmanejable pues se ha vuelto parte de tu vida cotidiana y parece tan normal como rutinaria. Puede ser que se trate de tensiones familiares o un problema de salud prolongado que te hace pensar que estás atrapado y que nunca podrás escapar. A pesar de que esta situación parece irremediable, el sueño indica que en realidad la estás enfrentando de manera efectiva. Así, tu súper poder indica que cuentas con recursos valiosos que puedes utilizar para superar cualquier prueba que se presente en tu, en apariencia, impotente y ordinaria vida cotidiana.

Estos súper poderes son visibles en todas las decisiones que tomas y en todas las acciones que realizas para enfrentar las circunstancias. Una característica común de los súper héroes es que todos tienen un alto sentido moral del bien y el mal. A pesar de que constantemente se te presentan arduos retos, nunca te empequeñeces ante ellos y siempre tratas de hacer lo mejor para quienes forman parte del problema. En lugar de ser egoísta, hacer lo correcto te da la habilidad para mover montañas y para ver a través de las cosas y apreciar el núcleo del problema. Una vez que has enfrentado la situación y que te has asegurado de que todos se encuentren bien, te tomas un tiempo para satisfacer tus necesidades.

LA ACCIÓN

Este sueño te revela que eres mucho más poderoso de lo que crees o de lo que puedes admitir ante los demás. Sin embargo, usualmente sólo haces uso de tus poderes cuando crees que alguien a quien quieres está en peligro. Incluso cuando te hayas asegurado de que tus seres queridos se encuentran bien y que vuelves a la normalidad, sigues teniendo la habilidad para encontrar los recursos y la concentración que necesitas para hacer uso de tu poder. En lugar de quedarte esperando a que alguien más llegue a rescatarte, puedes hacer uso de tus poderes para levantarte e ir a cualquier lugar que desees.

EL CONTEXTO

A pesar de que nos guste creer que las historias de súper héroes son relativamente modernas, empezando por los cómics de Superman, aparecidos en 1932, nuestros antepasados también contaban con historias de hombres con poderes sobrenaturales. Uno de los súper héroes más conocidos de la mitología griega es Aquiles; así como los personajes de hoy en día, sus súper poderes no evitaban que él se sintiera vulnerable. Del mismo modo que Superman tiene la kriptonita, Aquiles tenía su talón; así, tu habilidad para cuidar al resto de las personas puede ser contrarrestada, si no te das tiempo para conocer y buscar satisfacer tus necesidades.

72. Un extraño que lleva un mensaje

Conoces a un extraño que te dice que trae un mensaje importante. Está muy interesado en comunicártelo, pero te preocupa que sea un desconocido y no saber sus verdaderas intenciones. Crees que el mensaje puede ser una mala noticia o algún tipo de carta o documento oficial que te va a causar problemas. A pesar de que el desconocido parece saber mucho de ti, sigue preguntando tu nombre para saber si es a ti a quien debe comunicarle el mensaje. Algunas veces, el desconocido tiene un rostro irreconocible o sencillamente no tiene cara.

EL SIGNIFICADO

Soñar con una persona desconocida que te viene a traer un mensaje refleja el hecho de que, frente a una situación específica, tu intuición te puede dar una mirada mucho más profunda que la lógica o la razón. Aun cuando crees conocerte muy bien desde una mirada racional, generalmente hay una parte de ti que permanece inexplorada. Esta área suele estar llena de cualidades y ambiciones desconocidas. Además, contiene una sabiduría natural a la que te es difícil acceder porque no estás familiarizado con el lenguaje con el que esta parte de ti expresa sus cualidades. En el sueño, el desconocido que te viene a buscar representa a esta parte de ti a la que, aunque dices no reconocer, se está volviendo cada vez más presente en tu vida cotidiana.

El mensaje de gran importancia que el extraño te quiere decir proviene, invariablemente, de ti mismo, usualmente de esta parte de ti que desconoces y de la que tu inconsciente está tratando de que te fijes. Este sueño tiende a detonarse cuando empiezas a explorar una situación en la que empiezas a darte cuenta de que posees ciertas habilidades que no creías tener. Al principio, puede suceder que se te dificulte reconocer estas habilidades y que te parezcan peligrosas. Asimismo, el extraño del sueño sabe mucho sobre ti porque se trata de ti mismo, tratando de asegurarte de que te des cuenta de tus cualidades. Cuando el extraño tiene un rostro irreconocible o no cuenta con una cara, esto indica que es momento de reconocer tus habilidades y empezar a hacer uso de ellas.

LA ACCIÓN

El mensaje de este sueño es que tú sabes mucho más de lo que realmente crees saber. Aunque no te des cuenta, tu inconsciente está absorbiendo una gran cantidad de información presente a tu alrededor; sin embargo, este cúmulo de conocimientos es filtrado por el consciente, así que en general es casi imposible que te des cuenta de todo el conocimiento que estás absorbiendo. Al poner más atención a todas las claves que te da el inconsciente, puedes también empezar a notar la cantidad de cualidades que tienes para resolver casi cualquier situación. Aunque al principio esto te parezca extraño, pronto empezarás a apreciar su verdadero valor.

EL CONTEXTO

Uno de los personajes más entrañables de la literatura y el folclore es el del extraño que llega de la nada a un sitio justo en el momento en que se desata una desgracia y que, así como llegó, desaparece. En algunos relatos, el extraño en realidad es un rey o una reina que, disfrazado, intenta averiguar el verdadero estado de una situación específica. Con el tiempo, esos personajes se han vuelto parte de la cultura popular, particularmente en géneros como las películas del oeste, donde el misterioso extraño siempre tiene una importante lección que dar.

73. No hacer las compras

EL SUEÑO

Has ido de compras para conseguir algo que necesitas pero te cuesta mucho trabajo llegar a la tienda correcta. Cuando finalmente lo logras, te empiezas a sentir muy ansioso de que no te vaya a alcanzar el dinero. Buscas alternativas que puedan suplir aquello que quieres pero te confundes y no puedes decidir qué es lo que más necesitas. El personal que trabaja en la tienda es poco amable y te quiere convencer para que compres cosas que en realidad no necesitas o que te parecen demasiado caras.

EL SIGNIFICADO

Cuando sueñas que no puedes hacer las compras, generalmente se debe a que en tu vida cotidiana se te dificulta reconocer tu verdadero valor. Las tiendas están llenas de cosas que tienen el precio visible en etiquetas. Al hacer las compras solemos creer que nuestro poder adquisitivo también refleja nuestro valor como personas. Tratar de hacer la compra adecuada sugiere que te está costando trabajo saber qué tipo de situación te puede ayudar a demostrar tu verdadero valor. Aun cuando en cierto punto logres encontrar la tienda correcta, no tener demasiado dinero muestra que, aunque eres consciente de tus capacidades, no encuentras cómo demostrárselas al resto de las personas.

Si te falta confianza para hacer lo que quieres, es común que te dediques a hacer las compras en los lugares en los que te parece más posible que los otros reconozcan tus habilidades. Dejar que los demás decidan cuánto vales, produce que se te dificulte reconocer cuáles son los lugares en los que eres más valorado. Esto se refleja en la actitud del personal que trabaja en la tienda: su poca amabilidad demuestra que los demás no facilitan que descubras tu verdadero valor. La cosa más inestimable que puedes poseer es un sentido confiable de tu valor, pues es muy complicado satisfacer tus necesidades si antes no eres capaz de reconocer cuánto vales.

LA ACCIÓN

El mensaje de este sueño es que eres mucho más valioso de lo que crees, pero que se te dificulta demostrarlo en tus relaciones o en el trabajo. Esto se debe a que no te estás valorando lo suficiente y te entregas a las demás personas sin que reconozcan tu importancia. Una de las mejores maneras para asegurarte de que los demás te valoren es decirles "no" cuando sientes que sus demandas son irracionales. Esto hará que te dejen de pasar por alto y te ayudará a reclamar tu valor.

Desde la primera vez que somos capaces de comprar dulces con nuestro dinero, las tiendas se vuelven un lugar donde podemos mostrar nuestro valor, y dar órdenes a otros. Este sentimiento sigue presente cuando somos adultos y tenemos ataques de compras. Algunos somos adictos a cazar rebajas porque éstas nos ayudan a descubrir que valemos mucho más de lo que creemos. La palabra "crédito" proviene del latín "*credere*", que significa "creer". Mientras más creamos en nosotros, más valor tendremos.

74. Estar mutilado o incompleto

EL SUEÑO

Acabas de sufrir una terrible herida en el cuerpo y, sin embargo, miras el asunto con sorpresiva calma. La herida puede ser un desmembramiento en el que alguna parte de tu cuerpo parece explotar y escupir las partes de su interior. Tal vez sea que pierdas un miembro importante, como una pierna o un brazo; quizá te degollaron. A pesar de que se trata de una herida terrible, tratas de disimular que nada pasó e intentas ver cómo puedes continuar sin hacer uso de la parte que te hace falta.

206

EL SIGNIFICADO

Cuando sueñas que padeces una herida de grandes magnitudes, significa que en tu vida cotidiana sientes que tu habilidad para ser parte de algo está dañada. Las diferentes partes de tu cuerpo representan los diferentes aspectos de tu potencial como ser humano. Cuando, en un sueño, estas partes son mutiladas o desaparecen, significa que te preocupa que tu habilidad para funcionar en ciertas áreas de tu vida esté debilitada o comprometida. Si has sido desmembrado y tus órganos se desbordan, indica que te estás abriendo mucho ante los demás y que has olvidado cuidar tus límites y tus necesidades.

Perder otras partes del cuerpo puede mostrar cuáles son las áreas de tu vida en las que te sientes frustrado. Tus piernas te impulsan hacia adelante y te dan el poder de progresar. Tus pies son los que te sostienen y los que te dan valor. Tus brazos te dan la habilidad para tomar acción y afirmarte. Tus manos representan la manera en que das forma y controlas tu futuro. Tu cabeza es cómo piensas y cómo haces uso de la lógica y la razón. Tu corazón representa cómo sientes y cómo te conectas con los demás. Aun cuando en el sueño pierdas una parte vital de ti, logras encontrar la manera para seguir haciendo lo que hacías. En lugar de pedir ayuda, continúas escondiendo tus frustraciones.

LA ACCIÓN

Este sueño te conecta con tu habilidad para realizar acciones de vital importancia. A pesar de que al principio puedas sentirte perdido, estás sacando el mayor provecho de los recursos con los que cuentas. Estas partes sobrevivientes de tu potencial pueden tomarse un tiempo para volver a desarollarse, y la mejor manera de reconectarte con ellas es empezar a comunicarte con los otros. Aunque te gustaría resolver la situación por ti solo, hay otras personas que estarán felices de prestarte alguna ayuda hasta que te vuelvas a poner en pie.

EL CONTEXTO

Gran parte del lenguaje que utilizamos para referirnos a las acciones que hacemos, o a las que no, está basado en partes del cuerpo. Tendemos a ver a nuestros cuerpos como máquinas hechas por componentes, en lugar de como un todo orgánico. Así, decimos cosas como "poner el corazón", "poner manos a la obra" o "no tengo cabeza". Aun cuando la gran mayoría de nosotros tendremos la fortuna de no sufrir ningún desmembramiento, encontramos demasiadas imágenes al respecto en las películas, la televisión y los videojuegos.

75. Estar atrapado en un elevador

EL SUEÑO

Estás subiendo en un elevador para llegar a un piso específico en un edificio muy alto. Realmente necesitas llegar hasta allí porque debes atender una cita importante. Cuando finalmente lo logras, las puertas del elevador se atascan y te quedas atrapado. Tratas de oprimir los botones pero ninguno parece funcionar. Aun cuando logres que el ascensor se mueva, no consigues que se detenga en el piso al que tienes que ir. Algunas veces el elevador se tambalea y sientes miedo de que se caiga.

EL SIGNIFICADO

Cuando sueñas que estás atorado en un elevador, indica que te sientes particularmente preocupado por el nivel de progreso en tu profesión. El elevador simboliza un modo específico de avanzar de un nivel profesional a otro. A veces parece como si el progreso laboral tuviera un sentido lógico en el que se asciende de un nivel al siguiente y en el que se pueden apretar ciertos botones para tomar determinadas decisiones. El edificio alto representa el potencial para alcanzar altos niveles de éxito, la cita representa una oportunidad específica para cumplir con un nivel de plenitud. Las puertas que se atoran reflejan que la oportunidad realmente no se está abriendo de la manera en que hubieras esperado. Quedarte atrapado en el elevador indica que te sientes atorado en tus esperanzas para conseguir un ascenso.

Esto puede producir que te sientas estancado y como si no pudieras llegar a ninguna parte. Apretar los botones del tablero sugiere que intentas tomar determinadas acciones para continuar, pero que ninguna de éstas parece darte los resultados que esperabas. Llegar a un piso incorrecto indica que, a pesar de que hayas logrado que tu carrera vuelva a ponerse en movimiento, aún no te ha llevado al sitio al que deseas. Crees saber qué quieres, pero cuando llegas al piso que buscabas y das un paso hacia tu futuro, descubres que no es como creías que sería. Si el elevador se tambalea y está a punto de caer, se debe a que te sientes inseguro de tu progreso y te angustia tener que empezar de nuevo.

LA ACCIÓN

Este sueño indica que te sientes atado a tu profesión y que te preguntas cómo ir más allá. Puede ser muy sencillo creer que el camino de ascenso en una organización es recto y progresivo. La llave para salir del ascensor es pensar desde ya de manera poco convencional acerca de las posibles direcciones que puede tomar tu carrera. En lugar de sólo confiar en que lograrás un ascenso, es más efectivo esforzarte en analizar cuáles son las opciones que tienes para progresar. Trata de dedicarte a algo que eleve tu espíritu y no sólo tu posición dentro de la institución.

EL CONTEXTO

Relacionamos el éxito con grandes edificios de cristal y rascacielos, en las zonas de la ciudad donde se concentran las oficinas y centros de negocios. Los ejecutivos que han alcanzado el éxito dentro de una organización usualmente despachan en los pisos más altos de un edificio. Así, la forma más práctica para llegar a estos pisos es usar el elevador. Es posible usar las escaleras, pero es demasiado lento y requiere un gran esfuerzo. Sin embargo, tomar la opción más sencilla puede apartarnos de un mundo de posibilidades que están más allá de las paredes del elevador.

76. Estar bajo un techo con goteras

EL SUEÑO

Descubres que hay agua en tu casa, notas que el techo tiene una gotera. La gotera empieza como una pequeña cuarteadura pero muy pronto tu casa se empieza a inundar. El agua se filtra por las paredes y te preocupas por el daño que pueda causar. A pesar de que hay una gran cantidad de agua en el interior, puedes ver el origen de la fuga. Te preocupa que el agua derribe las paredes, esto hace que tu casa colapse, dejándote a la intemperie.

EL SIGNIFICADO

Cuando sueñas con una gotera en el techo, se debe a que en la vida cotidiana estás tratando de resolver alguna inseguridad emocional. Las diferentes partes de tu casa suelen representar diferentes áreas del ser. El techo simboliza tu necesidad de refugio y seguridad. El techo se encuentra en la parte superior, por eso también indica cómo miras tus pensamientos e ideas. El agua simboliza tus emociones y sentimientos, así que una gotera representa alguna cuarteadura emocional, misma que te hace sentir inseguro e irracional. Aunque intentes resolver de forma lógica la situación, a veces es recomendable dejar que tus emociones corran libres.

El agua generalmente empieza a gotear como una línea delgada y continua que se filtra en tu proceso analítico conforme notas su presencia. Pero, mientras más intentes interactuar con tus emociones de manera racional, más fácil será que tus sentimientos se desborden y te inunden. Las paredes de tu casa simbolizan tus límites personales y tratar de suprimir tus sentimientos causará que tus límites sean cada vez más frágiles. Tu preocupación de que el agua derribe las paredes indica que te genera ansiedad sufrir un colapso nervioso que elimine tu individualidad. A pesar de que en el sueño la cantidad de agua puede parecer increíblemente grande, ésta refleja el poder de tus sentimientos.

LA ACCIÓN

Este sueño te invita a abrirte y trabajar con tus sentimientos, en vez de analizarlos lógicamente. Puede ser fácil despreciar a tus emociones, pero éstas son un indicador muy preciso de las circunstancias en las que te encuentras, mucho más que un análisis racional. En esta situación tus sentimientos te animan a establecer límites claros con otras emociones, para no perder de vista tus necesidades. La mejor manera de hacerlo es expresando cómo te sientes cuando las necesidades de otros te arrastran tras de sí.

EL CONTEXTO

Además de usarse para describir el escape del agua a través de una materia sólida, la palabra "fuga" describe el momento en que cierta información pasa de una persona a otra, generalmente fuera del círculo en el que debía permanecer. Estas fugas generalmente le ocurren a quienes se creían en un lugar o posición segura y confortable. La respuesta requiere de invertir una gran cantidad de energía y esfuerzo para contrarrestar y detener la fuga de información. A pesar de que podamos sentir que no tenemos nada que esconder, podemos sentirnos expuestos si nuestras emociones se empiezan a filtrar, sin importar cuánto intentemos detenerlas.

77. Ser amenazado por una araña

EL SUEÑO

Estás descansando cuando descubres que una araña enorme está a punto de caerte encima. Aun cuando las arañas no te dan miedo en la vida real, puedes verla sobre tu cabeza y percibirla realmente aterradora. También puede ser que te encuentres completamente enredado en una telaraña y que, mientras más intentes salir, más te atrape. Tal vez los colmillos de la araña gotean veneno y temes que te muerda. Según la situación, también puede ser que te amenace un pulpo o una serpiente marina.

EL SIGNIFICADO

Soñar que te amenaza una araña sugiere que estás ansioso por quedar emocionalmente enredado en una situación de tu vida que constituye un riesgo para tu felicidad y tu bienestar. Temes quedar atrapado en una situación compleja de la cual no puedas salir. Esta complejidad emocional generalmente involucra una situación familiar o de pareja. Aun cuando estés comprometido con la relación, estás ansioso de que empiece a devorar todo tu tiempo y energía, convirtiéndose en algo imposible de sobrellevar. Aunque la telaraña parezca muy fuerte, gran parte de ella se conforma por nudos sutiles entre diferentes asuntos.

Temer que te muerda una araña venenosa indica que no te quieres sumergir en una ponzoñosa guerra de palabras con alguien con quien estás relacionado, crees que puede sobrevenir una experiencia dolorosa de la cual no sepas cómo salir. Cuando, en cambio, sueñas que te ataca un animal marino, el mensaje se relaciona con una relación romántica. Tanto los pulpos como las serpientes marinas representan fuertes emociones que provienen de tu interior, y te abruman. Esto sugiere que inconscientemente estás preocupado de involucrarte más en una relación porque crees que tendrás sentimientos de celos que se volverán muy poderosos y que te transformarán en un monstruo verde con un solo ojo.

LA ACCIÓN
Este sueño invita a desentrañar una situación donde te sientes emocionalmente atrapado. Puede ser que te parezca muy difícil salir de ella porque existe demasiado en juego. Aunque puedes salir de ahí, te preocupa que tus acciones decepcionen a otros. La mejor manera de desengancharte es aproximarte a la situación desde una perspectiva más desapegada, y expresar lo que sientes. Mientras más honesto seas al hacerlo, más libertad recuperarás.

Aun cuando la mayoría de las arañas son criaturas pequeñas e inofensivas, muchos les tenemos un miedo irracional. Los seres humanos siempre les hemos dado a las arañas cualidades especiales, desde los mitos de Atenea y
Aracne hasta las aventuras de *El hombre araña*. Muchas
de estas historias involucran anécdotas de culpa y traición
entre familias. En la vida cotidiana usamos frases como
"caer en la telaraña de la decepción". De la misma forma
en que una araña teje su red, involucrarnos en enredos
emocionales requiere tiempo, no es sencillo identificar
que estamos allí porque las agresiones y ataques suelen
ser velados.

78. Comer alimentos en mal estado

EL SUEÑO
Tienes hambre y buscas algo para comer pero, aun cuando
sabes qué quieres, te cuesta trabajo encontrarlo, sin importar tu empeño al buscar. También puede ser que estés comiendo con alguien más, pero que la comida no sea muy
saludable ni llenadora. Aunque logras encontrar un restaurante, hay algo malo con la comida que tienes en el plato,

no se ve apetitosa ni fresca, y prefieres quedarte con hambre antes de ponerte eso en la boca.

EL SIGNIFICADO

Si sueñas con comida en mal estado, significa que en tu vida cotidiana hay una situación que te está dejando insatisfecho. La comida representa la habilidad para nutrirte a ti mismo, pues satisface tus necesidades y te da la energía suficiente para explorar las oportunidades y sacar el mayor provecho de ellas. Aun cuando creas saber qué es lo que te puede hacer sentir más satisfecho en tu vida, parece bastante difícil conocer qué es lo que realmente necesitas. Soñar que estás en una comida con alguien más, sugiere que en tu vida cotidiana reflexionas sobre cómo nutrir tu relación con esa persona. A pesar de que sientes que algunas de tus necesidades son satisfechas, crees que hay algo que no está bien y que no es sano en la relación, lo cual te deja con una sensación de vacío y descontento.

Un restaurante suele simbolizar qué tan satisfecho te sientes en relación con el trabajo que haces; si hay algo malo con tu comida, es posible que continuamente te sientas insatisfecho con tu trabajo. A pesar de que la gente que te rodea parece disfrutar de lo que hace, es como si hubieras perdido el apetito. Puede parecer como si no existieran nuevos retos que refresquen tu situación actual, y que las actividades que realizas son siempre las mismas, una y otra vez. Si tienes hambre de plenitud y éxito, necesitas empezar a moverte y encontrar un modo de satisfacer tu vida con una rica y variada serie de experiencias por probar. Al nutrir tus ambiciones, generalmente te encontrarás una satisfacción más constante.

LA ACCIÓN

Este sueño sugiere que enfrentas una situación que no te nutre de la manera que esperabas. A pesar de que has gastado una enorme cantidad de energía para prepararte para esta oportunidad, resulta que en realidad se trata de algo completamente distinto a tus expectativas. Suele ocurrir cuando pasas la mayor parte del tiempo satisfaciendo las necesidades de otros, lo que puede llevarte a establecer relaciones poco saludables. Mientras más puedas nutrir tus necesidades fundamentales, más sencillo será que disfrutes de cuidar de otras personas.

EL CONTEXTO

Gran parte del lenguaje que usamos para referirnos a la plenitud, está basado en comida. Hablamos de una necesidad de satisfacción y decimos "tener hambre de éxito"; cuando nos parece que algo saldrá mal, decimos que es "una receta para el desastre". Los alimentos que son gozosos y que se disfrutan reflejan un sentido de satisfacción que casi no requiere esfuerzo, por ejemplo, cuando alguien nos cae muy bien podemos decir cosas como "es un pan", o cuando algo se nos hace fácil de llevar a cabo decimos "está papita". Situaciones más difíciles nos llevan a expresiones como "es un hueso duro de roer". Si deseas satisfacer muchos objetivos al mismo tiempo, quizá tengas demasiada comida en tu plato.

79. Viajar al pasado

EL SUEÑO

Te encuentras con que has viajado en el tiempo, a un pasado que parece haber ocurrido varios siglos atrás. Las personas a tu alrededor visten de acuerdo con una moda muy vieja. Además, parecen estar involucradas en actividades anticuadas. Pueden circular a pie o en carrozas, sus accesorios parecen sacados de un museo. No hay señal de tecnología alrededor, nada de la infraestructura del mundo moderno.

EL SIGNIFICADO

Cuando sueñas que viajas en el tiempo, generalmente indica que estás pensando en tu pasado y en cómo ha influido en tu condición actual. Aunque parezca que algo sucedió hace mucho tiempo, nuestras experiencias pasadas son la base sobre la que se sostiene nuestra situación presente. Las personas que te rodean en el sueño, simbolizan los aspectos de tu personalidad que has dejado en el camino. El sentimiento de estar en una época muy anterior, indica que buscas saber cómo es que las acciones que tomaste en el pasado te condujeron al lugar en el que estás hoy.

El hecho de que la gente realice actividades anticuadas, que requieren de un gran esfuerzo, simboliza el trabajo que has tenido que realizar para llegar al lugar en el que te encuentras. Aun cuando te parezca que tu posición actual se debe más bien al azar o la buena suerte, la realidad es que tu inconsciente ha hecho mucho esfuerzo para guiarte hacia el lugar en el que estás. Las personas caminando a pie o en carrozas indican que el uso de tu energía e impulsos fundamentales te han conducido hasta tu presente. La falta de tecnología moderna sugiere que deberás encontrar otros recursos para comunicar tus necesidades a los otros, y lograr lo que realmente deseas que suceda. Aun cuando puedas considerar que tu pasado es un asunto concluido, tus cualidades han hecho gran parte del esfuerzo para conducirte al sitio en el que te encuentras.

LA ACCIÓN

Este sueño es un recordatorio de que tus experiencias del pasado son fundamentales en el presente, y determinaron que te encuentres en el lugar en el que estás. Puede parecer que la persona que solías ser se quedó en el pasado, pero aún eres capaz de recapitular las experiencias que viviste y retomar las perspectivas que te dieron en al momento en que ocurrieron. A pesar de que pueda parecer sencillo olvidar tu historia y poner atención sólo al futuro, no debes tener miedo de visitar tu pasado para usar su contenido como una herramienta útil para explorar las oportunidades que se presenten en el futuro.

EL CONTEXTO

Nos sentimos fascinados por los sucesos del pasado y disfrutamos conmemorándolo con monumentos y tradiciones. Cuando estudiamos historia, comúnmente vemos una cadena de eventos que derivaron en un hecho histórico particular, lo cual nos hace preguntarnos cómo sería el mundo si tal o cual cosa no hubiera sucedido. Esta fijación por la causa y el efecto, generalmente nos conduce a creer que las cosas no pudieron ocurrir de otra forma. Sin embargo, ser más conscientes de las decisiones que tomamos en nuestra vida, significa que podemos hacer uso del pasado para moldear el futuro que queremos.

80. Ser secuestrado por una pandilla

EL SUEÑO

Una pandilla te acosa. Te secuestra para llevarte a un sitio donde intentan convencerte de que te unas al grupo. Los miembros de la pandilla te parecen familiares e intentan chantajearte. El pretexto que utilizan es que les debes dinero o que saben de algún ilícito que cometiste. A cambio de su silencio, te piden que te comprometas a cometer crímenes para ellos. Puede ser que te exijan cosas inaccesibles para ti, mientras mantienen secuestrados a ti o a tu familia.

EL SIGNIFICADO

Soñar que una pandilla te secuestra sugiere que en tu vida cotidiana te estás involucrando con un grupo de personas que hacen demandas que consideras injustas. Aunque sientes cierta lealtad hacia este grupo, también te parece que te obligan a hacer cosas que preferirías no hacer. Suele ocurrir en situaciones familiares, en las que experimentas cierta coerción para hacer determinadas cosas, con esto la familia quiere controlar tu libertad individual. También pueden tratar de influir en ti apelando a tu sentido de lealtad y amenazando con hacer tu vida de cuadritos si no les haces caso.

Esto puede parecer un chantaje emocional pero, a pesar de que este grupo parece estar limitando tu libertad, también te da un sentido de seguridad, por lo que se te complica escapar de él. También puede ser que sientas que a tu familia le debes gratitud, lo que te conduce a creer que a los "secuestradores" les debes algo, particularmente si sus miembros se han hecho de la vista gorda con errores que cometiste en el pasado. La impresión de ser secuestrado también puede ocurrir cuando sientes que tu familia te ha tomado como rehén, depositando muchas expectativas en ti. Así como en las familias, esto puede ocurrir en otra clase de grupos cerrados en los que los intereses de la comunidad pueden ser distintos de los tuyos, causando un conflicto de lealtad.

LA ACCIÓN

El mensaje de este sueño es que necesitas analizar las expectativas y necesidades de tu familia desde una perspectiva más amplia. Aun cuando quieras respetar a tu familia, también necesitas tomar tus propias decisiones y ser completamente responsable de ellas. Mientras más responsable seas, más libertad tendrás para serte leal a ti mismo y honrar tus necesidades. Conforme aceptes que eres el responsable de satisfacer tus expectativas, te liberarás de la sensación de estar atrapado por las exigencias de los demás.

EL CONTEXTO

Aunque la mayoría no hemos tratado con pandilleros, tenemos una gran riqueza cultural proveniente de películas como la trilogía de *El Padrino,* así como programas de televisión tipo *Los Soprano.* La base para la organización de cualquier grupo mafioso es un núcleo familiar en torno al cual se añaden otras familias que se rigen por códigos de conducta y honor. Estos grupos generalmente suponen una lealtad incondicional y, generalmente, se rigen bajo un código de silencio sobre ciertos temas que son tabú para la familia y que no se mencionan fuera de ésta.

81. Ser atacado por un perro

EL SUEÑO

Un perro que te parece muy familiar y amigable de pronto te empieza a ladrar y a gruñir. Su agresividad te atemoriza y produce que te retires. El perro avanza hacia ti y te muerde los brazos o las piernas. Conforme tratas de calmar al perro, éste te ataca brutalmente y entierra sus colmillos en alguna parte de tu cuerpo. Es imposible que te lo quites de encima pero te preocupa que puedas lastimarlo. El sueño también puede incluir otro tipo de animales como zorros, chacales, hienas o lobos.

222

EL SIGNIFICADO

Tradicionalmente, el perro es el mejor amigo del hombre y su aparición en un sueño usualmente refleja tu rol como una persona leal y amable que sabe hacer buena compañía. Generalmente le entregas tu amor incondicional a un compañero con la esperanza de que, a cambio, te corresponda con el mismo tipo de amor. Sin embargo, no importa qué tan afectivo y leal seas, te sientes muy decepcionado cuando te parece que tu amor no es correspondido. Entonces te molestas con el objeto de tu amor pero sientes que no puedes decir nada ya que no quieres molestarlo a él o a ella. En lugar de ser honesto y abierto, empiezas a actuar de manera agresiva y a lanzar indirectas. Conforme tu ser amado se retira, hundes tus dientes en él o en ella si intenta escapar de ti.

Si el perro que te ataca en el sueño es negro, indica que se trata de un comportamiento que se ha vuelto habitual en ti y que te deprime bastante. El zorro o el chacal sugieren que te sientes manipulado y que tu afecto se ha vuelto presa de un trato malicioso. Si, en cambio, te ataca una hiena, se debe a que crees que los demás se burlan por tus intentos para recibir afecto a cambio y que no te toman demasiado en serio. Cuando te ataca un lobo, sugiere que eres muy leal con los miembros de tu familia pero ellos no te han correspondido.

LA ACCIÓN

Este sueño te invita a reflexionar sobre el amor que das y la reciprocidad del otro. El amor incondicional puede ser un maravilloso ejemplo de confianza y generosidad, pero generalmente estás acostumbrado a entregar tu amor sin recibir nada a cambio. Usualmente, esto es consecuencia de que sientes que no eres digno de ser amado, y consideras que es la única manera en que podrás recibir un poco de afecto. En lugar de instigar a los demás para que te amen incondicionalmente, piensa cómo te puedes amar a ti mismo sin condiciones. Ten fe en ti mismo y los demás tendrán fe en ti.

EL CONTEXTO
Los perros fueron uno de los primeros animales en ser domesticados por el hombre y reflejan qué tanto hemos dominado nuestros instintos naturales y nuestra agresividad. A pesar de que nuestros impulsos innatos se empiezan a domesticar conforme crecemos, fácilmente se pueden revertir y comprometer el afecto y la fidelidad. Como los perros, somos animales sociales que nos vinculamos para sobrevivir y para perseguir objetivos en común. Del mismo modo que nuestros compañeros caninos, los seres humanos tenemos la necesidad fundamental de pertenecer a un grupo que nos provea de compañía y protección, así como de la oportunidad de jugar con otros.

82. Estar inmerso en el agua

EL SUEÑO
Das un paso en el agua y te empiezas a hundir, de pronto estás completamente rodeado de agua. Puede ser una bañe-

ra o una alberca, o tal vez sea un río o el mar. Al principio te relajas pero muy pronto te empiezas a preocupar de que tu cabeza también se hunde y de que no puedes respirar. Aun cuando estés en aguas poco profundas, eres incapaz de tocar el fondo con tus pies. Te sientes ansioso de abrir la boca y que tus pulmones se llenen de agua. Algunas veces, en el sueño crees que estás a punto de ahogarte, pero descubres que puedes respirar debajo del agua.

EL SIGNIFICADO

Cuando sueñas que te hundes en el agua, significa que sientes que te estás involucrando mucho emocionalmente. En nuestros sueños, el agua suele representar los sentimientos y caminar hacia ella indica que estás entrando en una circunstancia muy emocional. Hundirte en ella sugiere que te sumerges en tus sentimientos, y que respondes a las situaciones de manera emocional. Si el lugar en el que te hundes es una bañera, indica una situación muy personal, mientras que una alberca representa a tu trabajo. Bañarse en un río significa que la situación en la que te encuentras es muy importante y estar dentro del mar muestra que te estás involucrando en una situación muy grave.

Tu cabeza simboliza tus ideas y tu capacidad para analizar la situación desde un punto de vista racional, así que si ésta se hunde debajo del agua, implica que tus pensamientos son abrumados por tus emociones. Respirar es un indicador de tu capacidad para expresar tus ideas lógicamente y, por ende, no poder respirar sugiere que luchas para traducir tus emociones en palabras. Ser incapaz de tocar el fondo con los pies, refleja que se te complica mantenerte. Temes abrir la boca porque no quieres decir una cosa incorrecta que haga que te involucres más profundamente. Respirar bajo el agua refleja que empiezas a sentirte cómodo con tus emociones y que eres capaz de expresar tus sentimientos.

LA ACCIÓN

Este sueño refleja que tu situación actual demuestra cuáles son tus sentimientos. Tus emociones suelen correr debajo de la superficie, así que puede ser muy perturbador encontrarte de pronto en una circunstancia aparentemente irracional. Conforme las olas te arrastran, tu reacción natural puede ser de pánico, lo que produce que te hundas cada vez más. En lugar de dejarte llevar por el miedo, relájate lo más que puedas. Mientras más fluyas con la corriente, más fácil te será navegar a través de la situación.

EL CONTEXTO

Gran parte del lenguaje que utilizamos para decir que estamos involucrados en una situación muy emocional hace uso del agua y de cómo podemos sobrellevar nuestra estancia en ella. Si nos encontramos en una situación en la que hemos perdido control de nuestros sentimientos, podemos decir que nos hundimos "en lo más hondo" o que el "agua nos llegó hasta el cuello". Cuando nos encontramos en circunstancias que son un reto emocional, decimos cosas como "tratar de salir a flote" o "evitar hundirnos". Aquellos que roncan mucho o que sufren de apnea del sueño suelen experimentar este sueño.

83. Encontrar a un viejo amigo

EL SUEÑO

Te sientes feliz de encontrarte con un viejo amigo al que no habías visto en muchos años. A pesar de que solías ser muy cercano a él, por alguna razón se separaron. Siempre te la pasaste muy bien en su compañía y te era muy fácil sentirte relajado cuando estaban juntos. Además, tu amigo tenía una serie de cualidades que admirabas y siempre podías confiar en él cuando estabas en alguna situación complicada. Estabas seguro de que, pasara lo que pasara, tu amigo siempre iba a estar ahí para ti y viceversa.

EL SIGNIFICADO

Cuando sueñas con un encuentro de este tipo, significa que estás entrando en contacto con una cualidad personal de la que te habías desconectado. Usualmente, tu amigo personificaba esta cualidad y lo utilizas para simbolizar este aspecto específico de ti mismo. La reaparición de esta característica tuya sugiere que necesitas reconectarte con esta cualidad para lidiar con algún asunto de tus circunstancias actuales. Puede ser que fueras muy impetuoso y tu amigo más calmado. En este ejemplo, tu ser interior te sugiere que seas más tranquilo. En otro sentido, puede ser que tú fueras el calmado y tu amigo más activo e inspirador, de lo cual se extrae que para afrontar tus circunstancias presentes debes encontrar la motivación para arriesgarte.

Si en el sueño tu amigo te ayuda a salir de una situación de precariedad, significa que en tu vida cotidiana hay cierta tensión que se puede resolver si tienes el coraje para demostrar en ti las cualidades que asocias con tu amigo. Asimismo, en el sueño puede parecer que tu amigo te ignora, de lo cual se puede inferir que en la vida real estás ignorando esta parte de ti que representa tu amigo. A su vez, puede ser que él o ella tuvieran una habilidad muy admirable que nunca tuviste tiempo de halagar. Aunque pueda parecer extraño empezar a hacerlo ahora, se trata de una parte natural de ti que no puedes seguir negando. Al explorar esta habilidad puedes conocer mucho mejor tu talento para hacer algo.

LA ACCIÓN
El mensaje de este sueño es que te has olvidado de una cualidad propia que puedes retomar, y con la cual te sentirás muy cómodo. Tus circunstancias actuales son ideales para que la pongas en práctica. Sin embargo, puede ser que te sientas incómodo de desplegar tus habilidades en público y que prefieras que alguien más lo haga por ti. Al entrar en contacto con esta característica olvidada, puedes relacionarte con una parte muy profunda de ti mismo. Aunque resulte incómodo al principio, pronto te darás cuenta de que se trata de una parte natural de tu propio ser.

EL CONTEXTO
Regularmente escogemos a nuestros amigos de manera inconsciente e instintiva, y usualmente nos vemos atraídos por quienes tienen cualidades que admiramos y que nos complementan. Conforme nos hacemos viejos, nuestros amigos pueden ir y venir, pero el significado de nuestra unión per-

manece intacto. Un amigo es una persona en la que puedes confiar y a la que le puedes revelar tus debilidades. La palabra "confiar" proviene del latín "*con fidere*", que significa "con fe". Un amigo reafirma tu fe en ti mismo pues te ayuda a descubrir tus cualidades.

84. Una casa abandonada

EL SUEÑO

Vuelves a tu casa y te encuentras con que ha sido abandonada y se cae en pedazos. Aunque antes no te hubieras dado cuenta del estado deplorable en el que se encontraba, no puedes creer que la dejaras convertirse en una ruina. Quieres repararla pero no crees tener los recursos ni las habilidades necesarias. Todo parece endeble, el suelo se está resquebrajando, hay hoyos en el techo, la pintura de las paredes se viene abajo y las ventanas están rotas. Te alejas pues estás seguro de que las paredes están por colapsar. Generalmente, al lado hay una casa en buen estado.

EL SIGNIFICADO

Cuando sueñas con una casa abandonada significa que en tu vida cotidiana hay un aspecto de ti del que te estás olvidando. En los sueños, una casa simboliza a tu propio ser;

mientras más sólida y segura parezca la casa, más seguro y sólido te sientes de ti mismo. Generalmente te sorprende encontrar que tu casa se está derruyendo; esto demuestra que no eres consciente de que hay una parte de ti en el olvido. Las paredes que se desgajan sugieren que te sientes muy decaído y que te cuesta trabajo mantenerte firme en tus convicciones. El piso resquebrajado indica que estás inseguro en el lugar en el que te encuentras parado, que estás en una situación en la que dudas de cuáles deben ser los pasos a dar a continuación.

Las ventanas reflejan tu percepción de asuntos particulares y cuando están rotas significa que tienes la necesidad de reunir más información para tener una visión más completa de lo que está sucediendo. El techo representa tu seguridad en cómo piensas, por lo que suele sugerir que sientes que hay algunos hoyos en tus conocimientos. Si la casa no tiene paredes, significa que necesitas establecer límites personales entre tus intereses y los intereses de los demás. Esto también se refleja cuando los cuartos de una casa están en ruinas, sugiriendo que pasas más tiempo observando a las demás personas que a ti mismo. La casa a un lado representa tu creencia de que te sentirías mucho más sólido si adoptaras un punto de vista diferente.

LA ACCIÓN
Este sueño dirige tu atención al hecho de que estás ignorando características y cualidades personales. Puede ser fácil negar tus habilidades porque suelen parecerte menos importantes que las necesidades de los demás. Sin embargo, mientras menos atención les pongas, más cabizbajo estarás y, consecuentemente, menos capaz serás de satisfacer a los de-

más. La mejor manera de asegurarte de que puedes acomodar las necesidades de las personas a tu alrededor, es estableciendo límites claros con ellos. Mientras más firmes sean estos límites, más seguro te vas a sentir.

EL CONTEXTO
Generalmente asociamos a nuestra casa con nuestra seguridad y felicidad, usando frases como "seguro en casa" o "tan cómodo como en casa". Invertimos mucho de nuestro tiempo y dinero en planes para renovar el hogar y, sin embargo, dedicamos muy poco de energía para ponerle atención a nuestro bienestar personal. Puede ser mucho más fácil embarcarte en proyectos de "hágalo usted mismo" que en pasar algún tiempo elevando nuestro nivel de autoestima. De la misma manera que una casa requiere mantenimiento, nosotros nos debemos asegurar de estar realmente comprometidos con lo que individualmente nos hace falta.

85. Ser abducido por extraterrestres

EL SUEÑO
Los sueños de abducciones alienígenas generalmente comienzan con sentimientos de ansiedad. Todo a tu alrededor

puede parecer normal pero sabes que algo raro está por ocurrir. Sientes que las personas que están contigo pueden ser extraterrestres a punto de secuestrarte. Aunque parezcan normales, te das cuenta de que en realidad son alienígenas disfrazados de humanos. Tratas de comunicarte con ellos pero no te entienden y te quieren llevar a la fuerza. Aun cuando puedas escapar o logres que te liberen, los extraterrestres usan tecnología muy avanzada para seguirte la pista.

EL SIGNIFICADO

Soñar con extraterrestres indica que estás atravesando por una situación que te parece muy poco familiar. Ser abducido sugiere que sientes que no tienes control sobre la situación y que hay otras personas que te están obligando a realizar cosas que no quieres hacer. Las personas que entran a un nuevo trabajo, que se mudan o se van a otro país, tienden a tener este sueño. A pesar de que las personas que conocen en estos lugares pueden parecer normales, tienen una cultura y costumbres diferentes, que pueden parecer de otro mundo. Así, puede ser que sientas que estás siendo obligado a encajar en estas nuevas circunstancias, que impiden que actúes de la manera en que acostumbras.

Estos nuevos conocidos pueden tener su propio idioma o jerga, lo cual puede hacer difícil que te comuniques con ellos. Enfrentarte a tecnología extraterrestre implica que quizá has debido aprender a usar sistemas o procedimientos con los que no estás familiarizado. Sin embargo, la razón por la que esta situación te parece extraña, es porque tienes una necesidad inconsciente de explorar cosas nuevas que te revelen partes desconocidas de tu ser. Algunas de estas partes de tu personalidad te pueden parecer poco familiares, pero mientras más las explores más fácil te será integrarlas en tu mundo.

LA ACCIÓN

Este sueño es una invitación para que explores partes de ti que te pueden parecer extrañas o poco familiares. A pesar de que te resulte perturbador, te obliga a ir más allá de tus zonas de confort. Estos cambios pueden parecer aterradores, pero te ofrecen la oportunidad de aprender cosas nuevas que te ayuden a saber a dónde quieres llevar tu vida. Aun cuando no te encuentres ni remotamente interesado en aprender más de ti, todo lo que debes hacer es estar abierto a nuevas experiencias y sacar lo más posible de las oportunidades que se te presenten.

EL CONTEXTO

Las abducciones alienígenas parecen un tema bastante moderno pero nuestros ancestros también soñaban que los ángeles o los espíritus venían por ellos para llevárselos. En inglés, la palabra *nightmare* (pesadilla) es una derivación de *night maere,* un espíritu maligno del cual se creía que era capaz de abducir a las personas que soñaban con él. Aun cuando la idea de la existencia de los extraterrestres se hizo más común a partir de 1950, tras la realización de los primeros viajes espaciales, muchas sociedades humanas han experimentado la invasión de forasteros tan extraños a sus culturas que son concebidos como seres sobrenaturales, casi como alienígenas. Aunque estos invasores han sido sumamente violentos con los nativos del lugar, su presencia también ha introducido nuevas tecnologías y una perspectiva más amplia del mundo.

86. Estar confinado a la cocina

EL SUEÑO

Tu cocina está realmente caliente y húmeda, y parece como si estuvieras encerrado en ella sin opción de salir. Está muy amontonada, con una mesa grande de madera en el centro. El resto del mobiliario se ve muy pesado y pasado de moda. Te es muy difícil moverte y tienes que maniobrar con ollas y cacerolas hirviendo. Toda la cocina está sucia y llena de cosas, y el olor de lo que cocinas puede ser asfixiante. Parece que estás preparando mucha comida que no es para ti.

EL SIGNIFICADO

Cuando sueñas que estás confinado en tu cocina, significa que estás atrapado en un rol que te exige proveer a alguien más. En los sueños, las habitaciones de una casa simbolizan las diferentes partes de tu ser, y la cocina representa tu habilidad para alimentarte a ti mismo y a los demás. A pesar de que te gustaría salir de este rol, parece como si no hubiera escapatoria. Te sientes asfixiado. En los sueños, los muebles suelen representar tus hábitos o tus patrones de conducta, así que los muebles viejos simbolizan tus obligaciones habituales. Las mesas representan las relaciones, así que este sueño parece indicar que te encuentras obligado a cuidar de alguien más.

Tener dificultad para moverte en el espacio, sugiere que esta obligación estorba a tu estilo de vida y te genera frustración. Las ollas y las cacerolas hirviendo reflejan que estas frustraciones se han estado cocinando a fuego lento, pero que ahora te cuesta trabajo liberar el vapor pues tienes miedo de que las demás personas se molesten contigo. Preparar comida para alguien que no eres tú, muestra que estás ayudando a que los demás se realicen a expensas tuyas. Esta es una receta desastrosa porque en realidad deberías estar cocinando tus propios planes e ideas. Aun cuando te puedas hacer cargo de los demás de manera desinteresada para que te reconozcan, algunas veces desearías que, para variar, fueran los otros quienes cuidaran de ti y no al revés.

LA ACCIÓN

El mensaje de este sueño es que se te dificulta satisfacer tus necesidades más fundamentales porque pasas demasiado tiempo tratando de satisfacer las de los demás. Aun cuando estés acostumbrado a hacerlo y de hecho lo hagas habitualmente, casi siempre te sientes frustrado porque parece que nadie cuida de ti. Sin embargo, proveer constantemente a los otros puede ser una manera sutil de controlarlos. En lugar de ponderar las necesidades de los demás sobre las tuyas, simplemente deja que las cosas sigan su curso natural y ve qué resulta.

EL CONTEXTO

La cocina es el lugar en el que transformamos alimentos crudos en alimentos que nos nutren. Gran parte de las imágenes que utilizamos para describir el trabajo creativo surge de la cocina y el lenguaje gastronómico. Decimos que tenemos algo "en el horno" o que una cosa "se está cocinando". Cuando sentimos que nuestros esfuerzos pasan inadvertidos, también hacemos uso del lenguaje gastronómico para describirlo. Así, cuando alguien está enojado, se puede decir que está "hirviendo" o "llegando a su punto de ebullición".

87. Masticar vidrio

EL SUEÑO

Estás hablando con tus amigos o con tus colegas y, de pronto, descubres que tienes dentro de la boca algo muy filoso, como pedazos de vidrio o navajas. Aun cuando intentas hablar con cuidado, te cortas la boca cada vez que dices algo. Empiezas a sangrar, la cara se te ensucia mientras te preocupa tragarte alguno de esos pedazos. También puedes sentir ansiedad como consecuencia del miedo de ahogarte con tu sangre. Una variación de este sueño es que tu boca está llena de insectos, como avispas o avispones.

EL SIGNIFICADO

Cuando sueñas que masticas vidrio, o algún otro objeto punzocortante, generalmente se debe a que en tu vida cotidiana estás pensando mucho en cómo te comunicas con los demás. Además de tus dientes, tu boca consiste en tejidos y carne suave que moldeas para decir palabras. Tu boca es una de las partes más sensibles de tu cuerpo, así que puede ser bastante desconcertante encontrar que dentro de ella hay objetos punzocortantes. Sin embargo, no se trata de pedazos de vidrio, sino de los prejuicios e insultos que sueles atribuirle a quienes te rodean. A pesar de que sean simples palabras, son comentarios filosos que pueden lastimar mucho a los demás.

Puede ser que uses tu afilada lengua cuando te sientes amenazado por los demás y tratas de defender tu posición. Sin embargo, aun cuando elijas tus palabras cuidadosamente, puedes terminar hiriendo a los otros y a ti mismo. La sangre representa tus sentimientos más profundos y, aun cuando intentes que éstos no te ahoguen, siguen manando a la vista de los demás. También puede ser que te preocupe que tu orgullo quede lastimado si te ves ante la obligación de tragarte tus palabras. Las avispas y los avispones en tu boca significan preocupaciones similares acerca de hacer comentarios punzantes sobre la gente.

LA ACCIÓN

Este sueño sugiere que tal vez es momento de calmar tu lengua viperina para tener un acercamiento más gentil y aceptar tus vulnerabilidades. En lugar de creer que debes defender constantemente tu posición atacando a los demás, intenta usar palabras más suaves para resolver las discusiones en las que te encuentres. Mantener posturas muy rígidas puede ser estresante y, si persistes en tener una armadura, lo único que estás haciendo es aplastando tu frágil confianza. Las palabras correctas, dichas de manera sutil, pueden ser mucho más poderosas e inspiradoras que una buena cantidad de críticas filosas.

EL CONTEXTO

Gran parte del lenguaje que utilizamos para describir los insultos y las discusiones se basan en metáforas sobre objetos punzocortantes. Antes de que contáramos con herramientas, el método más común que teníamos era usar nuestras bocas, las cuales también nos sirven para darle forma a nuestras palabras. En la actualidad, seguimos haciendo uso de nuestra boca para defendernos de los ataques de los demás. En lugar de físicamente morder a nuestros adversarios, hacemos uso de las palabras para amenazar a quienes creemos que nos van a lastimar.

88. Tener visitas inesperadas

EL SUEÑO
Estás solo en casa, relajándote y pasando un momento agradable, pero de pronto te das cuenta de que no estás solo. Escuchas voces o el sonido de una actividad doméstica y de pronto aparecen dos o tres personas que se asoman al cuarto en el que tú estás. Cuando vas a investigar de dónde viene el sonido, descubres que tu casa está llena de extraños que parecen ignorarte y se pasan de largo. Aunque algunas de esas personas te sean familiares, la mayoría son completos extraños.

EL SIGNIFICADO
Soñar que tienes invitados que no esperabas indica que en tu vida cotidiana te estás dando cuenta de la presencia de una serie de oportunidades que te pueden ayudar a crecer. Rela-

jarte sugiere que te sientes cómodo contigo mismo y tratas de disfrutar un momento en paz. Sin embargo, no importa qué tanto intentes relajarte, estas oportunidades llaman una y otra vez tu atención. Las personas que están en tu casa simbolizan estas oportunidades y, aun cuando tú tratas de ignorarlas, ellas continúan llamando tu atención para que las mires. Al principio, puede parecer que sólo se trata de una o dos oportunidades que se asoman a donde tú estás, pero cuando te levantas a investigar te empiezas a sentir abrumado por la cantidad de oportunidades que tienes a tu alrededor.

Las personas que aparecen en tus sueños suelen ser reflejos de varios aspectos de tu personalidad. Tus amigos y familiares tienden a simbolizar las características con las que estás familiarizado, mientras que los extraños representan aquellas que debes desarrollar. Esos extraños que parecen ignorarte reflejan el hecho de que tú estás ignorando a su vez gran parte de tu potencial y necesitas empezar a compartirlo con más personas. Mientras más te retires a tu espacio individual y a tu mundo propio, más difícil será que tus habilidades sean estimuladas. Aunque pueda parecer una intrusión a tu privacidad, en realidad te estás recordando ese potencial olvidado.

LA ACCIÓN

Este sueño llama tu atención para que te fijes en las partes inexploradas de tu personalidad que potencialmente te pueden ser muy útiles. A veces, puede parecer más sencillo retirarte hacia una rutina más relajada y confortable, pero esto también te puede impedir que puedas participar en algunas de las oportunidades que se te presentan. Mientras más resistas a las oportunidades individuales, más inquieto te vas a sentir. Aun cuando pueda ser valioso reclamar tiempo para

239

ti mismo en el que te puedas relajar y reflexionar, es bueno encontrar un balance para salir de tu zona de confort y experimentar cosas nuevas.

EL CONTEXTO

A pesar de que seamos seres sociales, todos necesitamos nuestro espacio. El antropólogo Edward T. Hall introdujo el concepto de proxemia, el cual describe el intento que hacemos todos por reclamar un espacio personal, incluso cuando estamos dentro de una muchedumbre. Nuestras zonas de confort, es decir las áreas en las que no sentimos ansiedad o somos capaces de contenerla, generalmente hacen eco en nuestro espacio personal. Las personas más exitosas tienden a ser aquellas que constantemente son capaces de ir más allá de su zona de confort. Aun cuando pueda parecer más seguro permanecer en aquellos lugares en los que nos sentimos cómodos, esto también puede crear un falso sentido de seguridad.

89. Estar rodeado de serpientes

EL SUEÑO

Te abres paso en un lugar extraño para ti y, de pronto, te encuentras con un gran número de serpientes. Usualmente están apiladas frente a ti o te rodean. Te genera ansiedad la idea de tropezar y caer, pues te da miedo de que se arrastren hacia ti y te cubran por completo. Algunas de las serpientes se pueden levantar, listas para atacarte y clavarte sus colmillos. Otras pueden serpear hasta ti tratando de atraparte con su cuerpo.

EL SIGNIFICADO

Soñar que te rodea un gran número de serpientes generalmente sugiere que en tu vida cotidiana te estás encontrando con una serie de oportunidades para transformarte. A pesar de que la mayoría de las personas no acostumbra estar cerca de serpientes, ellas aparecen constantemente en nuestros sueños. Las serpientes simbolizan la oportunidad de un cambio y representan nuestra habilidad para crecer y madurar en nuestra vida cotidiana. Tu piel es el lugar en el que tu mundo interno y el mundo externo se encuentran, así como el cuerpo físico que encarna todas tus acciones y tus comportamientos. Del mismo modo que las serpientes mudan de piel, tú también puedes favorecer un crecimiento saludable si te liberas de ciertos patrones de comportamiento que dejaron de ser sanos para ti.

Cuando las serpientes están amontonadas enfrente de ti, sugiere que debes dar algunos pasos prácticos para abrazar esta oportunidad de transformación. A pesar de que te preocupe que te abrumen todas estas oportunidades y que tengas miedo de caer, el incremento de tu confianza hará que te sea más fácil seguir adelante. Si las serpientes se levantan sobre sí mismas y te muestran sus colmillos, esto significa que te preocupan las críticas que podrías recibir de los demás en caso de que decidas transformar tu vida. Si en el sueño aparecen boas, indica que algunas personas pueden estar tratando de coartar tu libertad y no dejarte espacio para maniobrar. Muchas personas le temen al cambio porque, como las serpientes, pueden sentir que amenaza su supervivencia.

LA ACCIÓN

Este sueño te avisa sobre una oportunidad para un cambio a nivel individual que se puede dar si haces cosas que transformen tu vida cotidiana. Puede ser que te dé miedo hacerlo porque sabes lo que significaría dejar detrás de ti una parte importante de tu propio ser para convertirte en otra persona. Dejar ir ciertos hábitos y comportamientos que te autolimitan te dará la libertad para que busques tu crecimiento personal. Mientras más te abras a estas nuevas posibilidades, más cómodo te sentirás dentro de ti mismo.

EL CONTEXTO

Las serpientes ocupan un lugar predominante en la simbología de todas las culturas. Una de las cosas con las que más se asocian es con la medicina y la salud; así, una serpiente enrollada en la vara de Asclepio es el símbolo de la medicina occidental. Muchas asociaciones farmacéuticas usan como símbolo el tazón de Hygieia, en el que una serpiente rodea con su cuerpo a un tazón. Las serpientes también simbolizan transformación, ya que tienen la habilidad para mudar de piel. Todos experimentamos tener un cordón umbilical, el cual tiene la forma de una serpiente que surge al mundo cuando dejamos la piel de nuestra madre y nacemos en la nuestra.

90. Caminar por un túnel muy angosto del que no puedes salir

EL SUEÑO

Quieres llegar a algún lugar pero debes apretujarte en espacios muy angostos antes de alcanzar tu objetivo. Pueden ser túneles o pasillos muy pequeños que te obligan a retorcerte para atravesar las puertas o meterte en hoyos que parecen muy pequeños para ti. Los sitios en los que te debes meter para seguir adelante pueden ser cajas o tuberías como ductos de ventilación o alcantarillas subterráneas. Conforme te abres paso por el laberinto, te preocupa terminar atorado en un punto, sin poderte mover, en una posición sumamente incómoda.

EL SIGNIFICADO

Soñar que te apretujas a través de un túnel o un área muy angosta indica que sientes que tu progreso en tu vida cotidiana está siendo limitado. Generalmente, el sueño empieza en un sitio muy amplio y espacioso, lo cual sugiere que en un principio el futuro te parece muy abierto. Sin embargo, conforme avanzas, empiezas a darte cuenta de que tus opciones se reducen y que no tienes suficiente espacio para maniobrar. Si estás en un túnel de piedra o en un callejón muy viejo, entonces el sentimiento de estrechez se debe a estructuras y viejos hábitos impuestos por una autoridad inflexible. Las partes más duras del túnel simbolizan las reglas o las normas que parecen limitar tu libertad.

Esto te puede hacer sentir confinado y sin oportunidad de romper las reglas. Las puertas y los hoyos representan oportunidades que no parecen ser demasiado grandes como para llevarte a donde tú quieres llegar. Estar forzado a entrar a un lugar específico para seguir avanzando indica que te sientes obligado a tomar decisiones que no necesariamente responden a tus intereses. Los ductos de ventilación sugieren que últimamente has tenido que lidiar con ciertos procedimientos que te parecen bastante cuadrados, mientras que las alcantarillas implican que sientes que debes actuar de una manera determinada. Terminar atascado en una posición extraña y muy poco cómoda demuestra tu preocupación a que, en caso de que sigas andando por el mismo camino, debas adoptar apresuradamente una postura frente a las circunstancias que enfrentas.

LA ACCIÓN
Este sueño te indica la posibilidad de que seguramente tienes más opciones de las que tú crees. Puede ser que te parezca que las reglas son inquebrantables y que debes atravesar algunas pruebas para satisfacer a las demás personas pero estas creencias te autolimitan y no te llevan a ninguna parte. En lugar de seguir adelante con un proceso tortuoso que alguien más desarrolló, trata de encontrar diversas alternativas para alcanzar tus objetivos. También puedes apresurar tu progreso reduciendo un poco tus expectativas y liberándote de algunas de las obligaciones y las cargas que están alentando tu progreso.

EL CONTEXTO
Gran parte del lenguaje que utilizamos para describir decisiones difíciles está basado en restricciones. Decimos que

estamos "entre la espada y la pared" o nos referimos a "la luz al final del túnel". El sentimiento de estar bloqueado se describe con frases como "toparse con pared". A la inversa, la idea de acceder a una oportunidad es usualmente descrita en términos geográficos y espaciales como "nuevos horizontes".

91. Intoxicarse o volverse adicto a algo

EL SUEÑO
A pesar de que en tu vida cotidiana tratas de llevar una vida sobria, en el sueño te encuentras completamente borracho o eres adicto a una droga y actúas de manera sumamente irresponsable y extraña para ti. Te sientes fuera de control y haces cosas que normalmente no harías si estuvieras sobrio. Sin embargo, nunca parece ser suficiente y, mientras más drogas o alcohol ingieres, más necesidad tienes de seguir tomando. Puede ser que en la vida diaria no fumes y que en el sueño prendas un cigarro tras otro. A pesar de que toses y te ahogas continuamente, sigues echando humo como una chimenea.

EL SIGNIFICADO
Cuando sueñas que tomas mucho alcohol o que eres adicto a una droga, generalmente sugiere que en tu vida cotidiana

estás tratando de escapar de una situación particular. Tú sabes que esta situación es dañina y te pasas una gran cantidad de tiempo tratando de averiguar cómo salir de ella. Sin embargo, la situación te sigue jalando una y otra vez, sin que tú puedas entender por qué. A pesar de que en apariencia el sueño se trate de tu dependencia al alcohol o las drogas, en tu vida diaria esta adicción puede ser una persona. Comúnmente se trata de una relación romántica y, aunque te sientas particularmente atraído hacia él o ella, hay una tensión irresuelta entre ustedes dos que te puede sacar de tus casillas muy rápido.

Esta falta de control te decepciona, así que te puede ser muy difícil saber cuál es la causa. Del mismo modo en que un adicto a las drogas siempre está buscando una manera de drogarse, tú también tienes un profundo deseo por seguir cerca de esta persona. Aun cuando sepas que esta situación no te favorece, sientes que has perdido la voluntad y que no puedes poner un alto. Por su parte, esto dificulta que la relación pueda sanearse y te empuja constantemente hacia una serie de patrones y comportamientos destructivos. Aun cuando intentes terminar con la relación, siempre vuelves por un poco más y después te sientes terriblemente culpable.

LA ACCIÓN
Este sueño te alerta de una situación muy poco saludable a la que habitualmente evades confrontar. Aunque una de tus necesidades más fundamentales sea estar en una relación en la que te sientas amado, te cuesta mucho trabajo lidiar con el sentimiento de que no vales la pena. En lugar de enfrentar directamente esta situación, puede parecer más sencillo buscar la manera de que todo se resuelva y alcance un grado de per-

fección. Sin embargo, mientras menos dependas de tu propia autoestima, más dependiente te volverás de las demás personas para que te hagan sentir bien contigo mismo.

EL CONTEXTO

Cuando tenemos una dependencia poco sana hacia alguien generalmente nos referimos a esta dependencia mediante frases que tienen que ver con la salud. Así, decimos cosas como "soy adicto" a ella o a él. Este tipo de lenguaje también aparece en las canciones populares que hablan sobre el amor. Gran parte de las adicciones son en el fondo un intento por satisfacer una necesidad emocional de una manera física, pero esto puede generar un comportamiento compulsivo y una dependencia psicológica que sólo se resolverá cuando la necesidad emocional se vea satisfecha.

92. Un edificio en llamas

EL SUEÑO

Ves humo a la distancia y te das cuenta de que un edificio que conoces se está incendiando. El edificio comúnmente es tu casa o el lugar donde trabajas. Puede ser que haya empezado como una pequeña hoguera pero ahora está a punto de convertirse en un verdadero infierno. Generalmente, el incendio inicia en una habitación y tú empiezas a temer que se disperse al resto de la casa. Buscas a tu alrededor maneras para extinguir las llamas pero todo parece estar roto o simplemente no funciona. Y aunque trates de llamar a los bomberos o convencer a las demás personas de que te ayuden, nadie parece querer hacerlo.

EL SIGNIFICADO

Cuando sueñas que un edificio está en llamas, generalmente indica que en tu vida cotidiana se está presentando la oportunidad para que tú tengas una gran transformación creativa. En los sueños, un edificio generalmente simboliza tu identidad y el tipo de edificio que se encuentra en llamas sugiere qué parte de tu identidad es la que está lista para sufrir una transformación. Si se trata del lugar en el que trabajas, entonces indica un cambio profesional. Si, en cambio, se trata de tu casa, entonces se trata de una transformación personal. Las fricciones en las relaciones personales pueden ser la chispa que genere esta oportunidad de transformación. En este sentido, una relación puede llenarse de discusiones en las que los ánimos se calientan y, aun cuando el desacuerdo inicial haya podido ser una insignificante diferencia de opiniones, la discusión se ha elevado de nivel y ahora ha puesto en llamas todo lo que está a su paso.

Aun cuando el incendio esté afectando sólo a una parte del edificio, a ti te preocupa que poco a poco llegue a otras habitaciones o a otras áreas. Esto indica que el desacuerdo inicial de la relación estaba bastante focalizado pero ahora te preocupa que se propague a otras áreas de tu vida. En el sueño nadie parece ayudarte porque sólo tú puedes canalizar esta apasionada energía de una manera creativa que te ayude a controlarla. Una pasión incontrolada puede ser bastante dañina pero si tú aprendes a guiarla puede convertirse en una gran fuente de poder y confianza. En lugar de que tus impulsos creativos te consuman, puedes transformarte en una persona cálida y generosa que sabe redireccionar y catalizar cambios profundos.

LA ACCIÓN

Este sueño está alumbrando tu necesidad de realizar acciones creativas que te ayuden a transformar tu situación actual. Sin embargo, no importa qué tan encendido te sientas, te cuesta trabajo dirigir tus energías hacia un resultado más provechoso. Aparentemente, lo mejor que podrías hacer es tratar de apagar las llamas pero, al hacerlo, también puedes apagar tu entusiasmo y disminuir tus posibilidades para aprovechar las oportunidades que se te presentan. En lugar de verte tentado a tomar una resolución del tipo "todo o nada", trata de direccionar creativamente tus energías hacia un resultado más constructivo y sostenible que les favorezca a todos.

EL CONTEXTO

Nosotros hacemos uso de las casas y los edificios para representar nuestra idea del ser, un incendio simboliza el proceso de una transformación creativa. El fuego es una herramienta que los seres humanos utilizamos para transformar y crear, por lo que se ha vuelto un representante de nuestro espíritu creativo. Sin embargo, además de tener la capacidad para crear, el fuego también destruye. Muchos de los procesos creativos se desarrollan mediante la destrucción de una cosa para crear otra. Cuando estamos en un periodo muy creativo, decimos cosas como "estoy en llamas".

93. Hacerse amigo de un animal salvaje

EL SUEÑO

En este sueño te haces amigo de un animal salvaje, o estás tratando de capturarlo para domesticarlo. Generalmente, el animal parece tener la capacidad para hablar así como otros poderes que parecen mágicos. Quieres acercarte para golpearlo y hablar con él. A pesar de que el animal parece ser bastante salvaje, tú no estás asustado ni tratas de huir de él. Al principio, el animal puede parecer tímido o poco cooperativo, pero cuando ganas su confianza se empieza a comunicar de manera muy abierta contigo, tras lo cual generalmente te da un consejo.

EL SIGNIFICADO

Cuando sueñas que te haces amigo de un animal salvaje, esto generalmente sugiere que en tu vida cotidiana te estás volviendo más consciente de tu naturaleza instintiva. En general, los animales tienden a simbolizar tus necesidades inconscientes y tus impulsos innatos, por eso es muy común que trates de domesticarlos porque temes que te produzcan un enorme daño. La habilidad del animal para hablar refleja que estás empezando a ser capaz de darle voz a tu verdadera naturaleza y te quieres acercar a este lado de tu ser que te parece bastante atractivo. Aunque te pueda tomar un tiempo ganar la confianza del animal, esto refleja el hecho de que te puede llevar algún tiempo confiar en tus instintos.

La naturaleza del animal indica la parte de tu naturaleza inconsciente con la que estás creando amistad. Los caballos representan tus necesidades personales y las pasiones, las cuales intentas ponerles un arnés para que trabajen para ti. Los elefantes demuestran que te estás familiarizando con tu fortaleza y con el poder que te dan tus experiencias de vida. Los camellos sugieren que eres capaz de perseverar y hacer frente a la adversidad para alcanzar tus objetivos. Los osos enfatizan tu independencia y tu lealtad hacia los otros. Hacerte amigo de un animal marino, como puede ser un delfín o una ballena, refleja que te estás poniendo en contacto con tus emociones.

LA ACCIÓN

Este sueño te está ayudando a conectarte más profundamente con tus instintos y tus impulsos. Puede ser fácil temerle a tu naturaleza inconsciente porque te sientes ansioso de que se desborde y te produzca algún daño. Sin embargo, tus instintos pueden ser muy poderosos y te pueden ayudar a resolver situaciones en las que el análisis racional simplemente es incapaz de entender qué es lo que está sucediendo. Mientras más atención le puedas poner a tus instintos, más sencillo será que te des cuenta de todas las posibilidades que están apareciendo a tu alrededor.

EL CONTEXTO

Generalmente, tendemos a aparecer en nuestros sueños hasta que tenemos 3 ó 4 años de edad. Antes de eso, nuestros sueños están llenos de animales, ya que se trata de un periodo de nuestra vida en el que estamos explorando nuestra naturaleza instintiva e impulsiva. Gran parte del aprendizaje del lenguaje viene de la identificación de los animales y de los sonidos que ellos hacen. Conforme nos volvemos adultos, tendemos a suprimir gran parte de nuestros instintos e impulsos. Sin embargo, éstos aún son visibles en las cosas que creamos. Creatividad y criatura vienen de la misma palabra en latín, *creare,* la cual significa "producir". Así pues, lo que nosotros creamos tiende a revelar nuestra naturaleza.

94. Estar en prisión

EL SUEÑO

Estás rodeado de barrotes y muebles de metal y bajo constante supervisión, por algún motivo te encuentras en prisión. Aun cuando no estás muy seguro de por qué estás ahí, sabes que la condena será bastante larga. Generalmente tienes una celda para ti solo y el tiempo pasa desesperadamente lento, estrictamente controlado por la rutina de la prisión. Los guardias son poco empáticos con tu situación y no tienen interés en lo que sea de ti más allá de lo que hagas o dejes de hacer dentro de la cárcel. Tú tratas de convencerlos de que eres inocente pero ellos no te escuchan y te mantienen encerrado.

EL SIGNIFICADO

Soñar que estás en prisión generalmente indica que en tu vida cotidiana sientes que has perdido la libertad para actuar independientemente. Esto puede producir que dependas de otros para tomar decisiones y para justificar tus actos (algo que puede ocurrir si te sientes atrapado en un rol dentro del trabajo o en una relación personal). Los barrotes indican que crees que hay algo que está frenando tu progreso, y la precariedad de los sanitarios muestra que crees que no tienes los recursos suficientes para sentirte confortado. El sentimiento de que tienes una condena que cumplir es producto de tu compromiso con un trabajo o una persona, así como el deseo de que te liberen de ese compromiso.

Esto puede ser muy desolador para ti ya que sientes que no hay nadie con quien realmente puedas hablar, mientras que tus rutinas habituales te impiden expresar tus miedos y tus dudas acerca de la situación. Los guardias representan tu sentido del deber y la razón por la cual te ignoran es porque la prisión es algo que tú generaste. No quieres decepcionar a los demás liberándote de tus compromisos, así que terminas atrapado por una mala interpretación de tu sentido del deber. Aun cuando estés intentando convencerte a ti mismo de que estás haciendo lo correcto, los compromisos que has hecho te han dejado confinado y solo. La llave para liberarte es simplemente abrirte y decir lo que realmente piensas.

LA ACCIÓN

Este sueño te está obligando a ser más decisivo y a volverte responsable de tu vida. Aun cuando te puedas sentir atrapado, una prisión es un ambiente seguro, así pues, en realidad te has encerrado a ti mismo en un sitio seguro en lugar de correr la aventura de estar afuera, en lo desconocido. Los compromisos y las obligaciones que estableces con los demás pueden significar una manera de sentirte indispensable y aceptado, pero esto comúnmente conduce a situaciones en las que terminas dependiendo de los demás. Sin embargo, mientras más responsable te hagas de tus decisiones, más libertad gozarás.

EL CONTEXTO

Generalmente, nuestra primera experiencia de sentirnos atrapados es cuando iniciamos nuestra vida escolar. Mientras que anteriormente teníamos la oportunidad de correr libremente por donde quisiéramos, de pronto somos forzados a sentarnos derechos y recibir una serie de lecciones que suelen parecernos muy tediosas. Debemos trabajar durante una serie de horas y sabemos que podremos ser libres hasta que las hayamos cumplido, como si se tratara de una condena. Este sentimiento de sentirnos atrapados se extiende hasta nuestra vida laboral, en la que nos vemos encasillados a un rol y a una rutina.

95. Una oficina completamente vacía

EL SUEÑO

Llegas a tu trabajo a la hora acostumbrada pero te sorprende mucho encontrar que no hay nadie. Cuando tratas de entrar al edificio, tu tarjeta de seguridad no sirve. A su vez, el equipo con el que sueles trabajar no está por ninguna parte y te pasas un buen rato tratando de encontrarlo. También puede ocurrir que este equipo sea diferente, listo para que tú lo utilices, aun cuando sientes que no tienes autorización para hacerlo. Tratas de pedir ayuda pero nadie parece hacerte caso.

EL SIGNIFICADO

Soñar que no hay nadie en tu trabajo puede indicar que tú sientes que tus habilidades profesionales no están siendo completamente reconocidas o apreciadas por los demás. El lugar de trabajo también simboliza tu capacidad para emplear productivamente tus talentos y crear valor al utilizarlos. El hecho de que ninguno de tus colegas esté en la oficina sugiere que sientes que tus habilidades han sido olvidadas debido a la rutina y que nadie más se percata del trabajo que tú realizas. No ser capaz de entrar al edificio o que tu tarjeta de seguridad no funcione demuestra que eres consciente de que necesitas tener conocimientos, pero que por alguna razón estás negando la posible llegada de nuevas oportunidades.

No tener el equipo adecuado para trabajar también muestra que sientes que tienes la habilidad para ser productivo pero estás luchando por encontrar una ocasión en la cual usarla. Contar con un equipo nuevo representa la aparición de nuevas y emocionantes oportunidades, así como tu falta de confianza para explorarlas. Aunque puede parecer que todos están ignorando tus habilidades, en realidad esto es resultado de que eres tú quien no las valora lo suficiente. El lugar de trabajo es el sitio en el que tú tomas el material inmaduro de tu talento para crear algo de valor. A menos de que puedas reconocer y apreciar tu talento, será muy difícil que otros lo hagan por ti.

LA ACCIÓN

Para sacar el máximo provecho de este sueño, necesitas darle más valor a tus habilidades. A veces puede ser fácil minimizarlas y actuar como si fueras una persona ordinaria porque estás muy cómodo con la manera en que están las cosas. La mejor forma de apreciar y reconocer tus habilidades es empezar a darte cuenta del verdadero valor que tienen. Mientras más las valores, más seguro te sentirás para usarlas en situaciones inusuales, y esto abrirá un mundo de posibilidades para emplearlas en algo.

EL CONTEXTO

A pesar de que creemos que nuestra elección del trabajo se basa en una decisión lógica en la que consideramos los términos y las condiciones, la cualidad fundamental que buscamos en un trabajo es que tenga un propósito que nos llame la atención. Tener un propósito útil en la vida es uno de los beneficios más grandes que otorga un trabajo ya que, así, puede reflejar nuestro valor y nuestra autoestima, más allá del valor monetario o de las recompensas materiales que obtenemos con él. Aun cuando pueda parecer que estamos buscando una manera de renunciar o de cambiar de situación, es muy común que perdamos el propósito de nuestra vida cuando nuestro trabajo no es significativo para nosotros.

96. Perder los zapatos

EL SUEÑO

Por alguna razón has perdido tus zapatos y estás afuera, caminando en calcetines o completamente descalzo. Puede ser que estés caminando en una ciudad muy grande mientras te preguntas cómo llegar hasta tu destino sin tus zapatos. Después de un tiempo te das cuenta de que no necesitas tu calzado pero te preocupas por lo que los demás pensarán de ti. Sin embargo, algunas veces usar zapatos puede ser más cómodo, sobre todo cuando el suelo es muy duro o cuando está mojado. Tú estás seguro de que tienes más pares de zapatos pero parece como si hubieras perdido tu único par.

EL SIGNIFICADO

Cuando sueñas que has perdido tus zapatos, significa que en tu vida cotidiana te preocupa tu habilidad para defender tus creencias. Tus pies simbolizan los fundamentos de cualquier posición en la que te ubiques y representan los valores que te ayudan a mantener los pies en la tierra. Lo que te pones en los pies representa tu habilidad para proteger estos principios fundamentales y también los pasos que das para ponerlos en acción. Los zapatos son una de las prendas de vestir más personales y, como tus valores, te deben quedar exactos para que te sientas cómodo con ellos. Tus zapatos también representan tu individualidad, así que haberlos perdido indica que sientes que, por alguna razón, la estás perdiendo.

Debido al hecho de que tus zapatos representan tu identidad y tu individualidad, ellos tienden a reflejar tu estatus social. Así, perderlos también es un indicador de que por alguna razón has perdido tu posición social. Esto puede ocurrir cuando terminó alguna relación personal o cuando se presenta una situación laboral en la que te preocupa que tus colegas te ignoren. A pesar de que puedes creer que puedes seguir adelante solo, siempre es bueno contar con el apoyo de los demás, sobre todo cuando las cosas pintan mal. Pensar que sólo tienes un par de zapatos sugiere que estás apoyándote demasiado en un solo punto de vista.

LA ACCIÓN
Este sueño indica los pasos que debes dar para restablecer tu posición. A pesar de que esto te pueda parecer muy incómodo, es una oportunidad para darte cuenta de lo que realmente vales. También es una oportunidad para pensar en la posición de los demás, así como para ponerte en sus zapatos. Mientras más conozcas tu verdadero valor y cómo puedes sostenerte en él, más sencillo será que te mantengas firme y que acompañes a tus palabras con acciones.

EL CONTEXTO
Nuestros ancestros empezaron a usar zapatos desde hace unos 40 mil años, cuando usaban simples envoltorios o bolsas para protegerlos. Desde entonces, se han convertido en uno de los artículos más importantes de la moda, por lo que reflejan nuestro atractivo, nuestro estatus y nuestra riqueza. En lugar de juzgar a las demás personas por sus actos o sus hechos, generalmente juzgamos a las personas por los zapatos que tienen. Unos zapatos lindos y bien limpios indican que quien

los porta tiene una actitud muy formal y mucho encanto. En cambio, unos zapatos llenos de tierra sugieren una persona bien firme que se dedica a hacer un trabajo práctico.

97. Estar rodeado de alimañas

EL SUEÑO

Estás en un sitio lleno de insectos, puede ser tu casa o tratarse del lugar en el que trabajas. Puede parecer una plaga de roedores o de insectos, los cuales están dañando todo lo que se encuentra a su paso, incluidas tus posesiones. Buscas maneras para exterminarlos, pones trampas, pero la plaga actúa cada vez peor: se comen tus alimentos, roen los cables y propagan enfermedades y destrucción. No importa cuánto esfuerzo pongas en tratar de detenerlas, se multiplican y destruyen todo lo que tienen cerca.

EL SIGNIFICADO

Soñar con una plaga de alimañas indica que en tu vida cotidiana estás atravesando por pequeños problemas o ansiedades que te parecen demasiado grandes. Por separado, estos molestos problemas pueden parecer una tontería, pero juntos se transforman en un solo problema imposible de resolver. Los animales de tu sueño representan un hecho menor o una preocupación por cierta situación particular. Aun cuando no quieres hacer caso de lo que está pasando, todas estas pequeñas ansiedades se acumulan para formar preocupaciones mayores que se empiezan a comer tu confianza. A pesar de que intentas manejar estos problemas aparentemente triviales, juntos parecen hacer del lío un problema con raíces más profundas.

Puede parecer que te sientes abrumado por una serie de irritaciones menores pero esto se debe a que no estás viendo las cosas desde una perspectiva más amplia. Tratar de resolver individualmente los problemas produce que no puedas resolver la situación en su conjunto ya que ocupas la mayor parte de tu tiempo enfocándote en las molestias menores en lugar de resolver la causa fundamental del problema. Esto puede hacer que te sientas atrapado y frustrado, ya que parece que todo lo que haces es inútil y poco provechoso. Hasta que logres aclarar cuál es la verdadera causa de tus problemas, éstos siempre se convertirán en una plaga que echará a perder tus esfuerzos para poner en marcha tus habilidades y hacer algo productivo con ellas.

LA ACCIÓN

Este sueño indica que te ocupas la mayor parte de tu tiempo tratando de resolver los problemas tácticos de una situación. Sin embargo, el tiempo que ocupas en resolver estos asuntos insignificantes te niega la oportunidad de tomar decisiones estratégicas con las que podrías resolver por completo los problemas. Esto generalmente ocurre cuando te sientes cómodo de tratar con pequeños problemas pero no tienes la confianza para resolver problemas más grandes. Tener el coraje de enfrentar la raíz de un problema te puede ayudar a liberarte de todas tus ansiedades de una sola vez y para siempre.

EL CONTEXTO

Cuando hablamos sobre las frustraciones que nos afligen, usamos frases del tipo "como una plaga", "la mosca en la sopa" o "tan molesto como un mosquito". En inglés, la palabra *vermin* (alimaña, bicho), proviene del latín *verminatus,* que tiene el doble significado de "infestado de gusanos" y "acumulado de dolores". Cuando tenemos una plaga de ansiedades, realmente puedes sentir que algo te está comiendo por dentro. Aun cuando podamos creer que podemos usar un insecticida, la mejor manera de erradicar nuestras frustraciones es confrontar directamente la raíz de nuestras ansiedades.

98. Ser invisible

EL SUEÑO

Todo parece normal pero nadie a tu alrededor parece notarte. Aun cuando tú seas capaz de verte a ti mismo, pareces ser invisible para los demás. Puede ser que te encuentres en una reunión social o familiar, en la que están todos tus amigos, pero nadie se da cuenta de tu presencia. Cada vez que intentas participar en alguna conversación, las demás personas te ignoran o hablan por encima de ti, mirándote como si tú no estuvieras frente a ellos. Tú te das cuenta de que todos se encuentran en un grave peligro y tratas de advertirlo pero nadie te hace caso.

EL SIGNIFICADO

Soñar que eres invisible para los demás sugiere que en tu vida cotidiana no te estás haciendo lo suficientemente visible. Esto generalmente se debe a una situación en la que tú desempeñas una función de entretelones mediante la cual estás ayudando a que algo ocurra, a pesar de que nadie parezca darse cuenta de la importancia de tu función. Aunque pueda parecer más sencillo echarle la culpa a los demás por no darse cuenta de tu trabajo, este sueño te permite darte cuenta de cómo hacer que tu talento sea reconocido por las demás personas. Para los demás puede ser muy difícil reconocerte si antes tú no eres capaz de reconocer tus habilidades. Esto puede generar una falta de confianza en tus cualidades, así como miedo a que los demás te critiquen.

La falta de confianza significa que tiendes a poner las necesidades de los demás por encima de las tuyas. Al serle útil a los demás puedes parecer valioso y obtener la recompensa de su reconocimiento. Sin embargo, esto produce que no te des cuenta a plenitud de los esfuerzos que realizas, así que no es de sorprenderse que muy pronto ellos dejen de reconocerte. En lugar de armar un escándalo, te parece más fácil dar un paso atrás y desvanecerte en el fondo. En el sueño, el peligro del cual tratas de advertir a las personas, es que te encuentras amenazado por su falta de reconocimiento hacia ti. La mejor forma de animar a los demás para que te pongan atención es hacer mucho más visibles tus habilidades.

LA ACCIÓN
Este sueño te anima a hacerte más visible para que las demás personas puedan reconocer tus cualidades y tu verdadero valor. Aun cuando pueda ser cómodo no ser el centro de la atención, esta decisión también produce que tus esfuerzos pasen inadvertidos. Puede ser que creas que esconder tu necesidad de atención sea tu mejor cualidad pero en realidad esto produce que te niegas la oportunidad de expresar tu singularidad. Mientras más te puedas abrir para demostrar tus habilidades, más evidente será tu valor para las demás personas.

EL CONTEXTO
Qué tan visible te sientes, depende casi siempre del estatus social en el que te crees encontrar. Si nos sentimos un don Nadie, entonces nos creeremos invisibles, mientras que las personas que sienten que forman parte de un estatus muy alto casi siempre son el centro de la atención. Esto no sólo ocurre en los eventos sociales, también puede ocurrir en nuestras relaciones personales o de pareja. Así, nuestro compañero o compañera se pueden sentir invisibles y decir cosas como "ni siquiera se da cuenta de que existo". Mientras más atención le pongamos a algo, más evidente se vuelve. Así, mientras más atención le pongamos a nuestras habilidades, más evidentes se volverán.

99. Bañarse

EL SUEÑO

Te sientes caliente y pegajoso, anhelas tomar un largo y revigorizante baño. Cuando tratas de encontrar una regadera, te das cuenta de que todas están ocupadas o de que se encuentran en los lugares más extraños. Eventualmente encuentras una libre pero está en un sitio muy oscuro y en el que te cuesta mucho trabajo pararte. Las llaves de la regadera están muy duras y crujen, y cuando tratas de abrirlas sólo consigues que salga un chorro de agua. Al principio, el agua sale sucia, de color marrón oscuro, y poco a poco se vuelve transparente.

EL SIGNIFICADO

Cuando sueñas que te vas a bañar refleja que en tu vida cotidiana hay una situación emocional en la que te gustaría aclarar las cosas porque se están complicando. Esto generalmente se debe a una tensión en una relación en la que se te hace difícil decir lo que necesitas, lo cual te hace sentir culpable. El agua simboliza tus sentimientos, así que soñar que te estás bañando representa la posibilidad de un desahogo emocional, lo cual te puede ayudar a sanar una situación particular. Buscar una regadera indica que estás tratando de encontrar la oportunidad para abrir tus sentimientos y liberar un poco de presión.

Encontrar regaderas que están ocupadas sugiere que en la vida cotidiana acostumbras anteponer los sentimientos de los demás por encima de los tuyos, y que ocupas más tiempo escuchando problemas en lugar de expresar tus sentimientos. Cuando las regaderas están en lugares inusuales, se debe a que tal vez te parezca que aún no es el momento o el lugar indicado para expresar lo que sientes. Cuando realmente encuentres la oportunidad de expresarte, puede ser que se te haga difícil mantenerte en pie y permanecer en una posición que no sea excesivamente crítica. Puede ocurrir que al principio te cueste trabajo comunicarte; sin embargo, mientras más lo intentes más claras se volverán las cosas que quieres comunicar.

LA ACCIÓN
Este sueño sugiere que debes limpiar una situación emocional que te está haciendo sentir culpable. Puede ser que se te haga difícil saber con claridad dónde te encuentras y que buscas el momento y el lugar indicado para decir lo que sientes. Sin embargo, mientras más tiempo te tomes, más se complicarán las cosas. En lugar de seguir esperando eternamente por la ocasión perfecta, a veces lo más necesario es simplemente expresar tus sentimientos de manera desbordada. A pesar de que al principio pueda parecer que se arma un verdadero desastre, esto ayudará a que la situación se desahogue para todos los involucrados.

EL CONTEXTO
El lenguaje que utilizamos para expresar nuestros sentimientos de culpa y confusión generalmente gira en torno a la sensación de suciedad. Cuando queremos superar una situación confusa, decimos cosas como "aclarar las cosas" o "cortar por lo sano". A pesar de que podemos limpiar nuestros

cuerpos con un relajante baño, este método no es útil cuando queremos resolver y limpiar un problema con alguien más. La regadera simboliza un proceso de higiene con el cual nuestros sentimientos se desahogan, ayudándonos a empezar de nuevo.

100. Viajar al futuro

EL SUEÑO
Tienes la misma edad pero de alguna manera has logrado viajar en el tiempo. Las personas a tu alrededor hablan por medio de unos aparatos extraños y usan ropa futurista, pero todos parecen tener los mismos problemas de siempre. Tú te sientes intrigado por toda la tecnología que ves a tu alrededor para usarla en tu beneficio. A pesar de que al principio no pareces entender cómo funcionan las cosas, poco a poco empiezas a comprender mejor. Aun cuando se trata del futuro, te sigues encontrando con problemas de tu pasado que creías que ya se habían resuelto.

EL SIGNIFICADO
Cuando sueñas que viajas en el futuro significa que en tu vida cotidiana estás considerando cómo avanzar y cumplir con tus ambiciones. En los sueños, el futuro generalmente

está representado por los avances tecnológicos; así, mientras más avanzados sean, más lejos te encuentras en el futuro. Los aparatos para comunicarse simbolizan cómo se relaciona la gente entre sí, mientras que la ropa que utilizan muestra su comportamiento. Aun cuando su atuendo es brillante y futurista, parece que las personas siguen cayendo en los mismos problemas que antes. Y aunque creías que la tecnología tenía la capacidad para resolverlo todo, las características humanas y los patrones de comportamiento se mantienen intactos.

Confiar en los avances tecnológicos para viajar hacia el futuro indica que sueles buscar las respuestas a tus dudas en el exterior. Sin embargo, no importa qué tanto confíes en el apoyo que te pueden prestar los demás, lo que realmente necesitas es hacer un viaje hacia ti mismo para realmente poner en movimiento tus deseos y tus aspiraciones. El viaje hacia el futuro también puede ser un indicador de que en el presente te sientes insatisfecho y de que es momento de avanzar hacia delante. Aunque te gustaría encontrar una manera sencilla de hacerlo, usualmente requiere mucho compromiso y esfuerzo. Mientras más te internes en el viaje de autodescubrimiento, más rápido llegarás a tu futuro ideal.

LA ACCIÓN

Este sueño te invita a explorar lo que te aguarda en el futuro y a considerarlo en detalle. Puedes presumir que todo será más fácil y mejor en el futuro pero también eres consciente de que, para que realmente lo sea, necesitas cambiar muchas cosas en el presente. En lugar de depender en la ayuda externa, puedes usar la imaginación para viajar en el tiempo y visualizar el futuro que quieres. Mientras más rápido empieces a hacerlo, más pronto se empezará a manifestar tu futuro en el presente, de manera sutil y a través de cosas que te ayudarán a construir una nueva realidad.

EL CONTEXTO

En algunas historias, el futuro es retratado como un lugar utópico en el que las personas vuelan por los aires, hay acceso ilimitado a la energía y se puede viajar sin límites por el espacio. Sin embargo, mientras más lejos se llegue en el futuro, la utopía se va transformando en distopía. Libros como *Un mundo feliz,* de Aldous Huxley, o películas como *Blade Runner,* de Ridley Scott, nos muestran que, a pesar de toda la tecnología que podamos tener, siempre seguiremos necesitando comunicarnos en un nivel humano. La mejor manera para viajar hacia nuestro futuro es entendiendo la identidad, las necesidades y las creencias de nuestros compañeros viajeros: los seres humanos.

Acerca del acto de soñar

USAR TUS SUEÑOS

A pesar de que entender los mensajes de tus sueños te da una comprensión mucho más amplia de quién eres, qué necesitas y cuáles son tus creencias, algunas veces puede parecer un verdadero reto usar tus conocimientos sobre los sueños en la realidad de tu vida diurna. Sin embargo, mientras más abierto estés a las historias que crea tu inconsciente, más fácil te será recordar tus sueños para ponerlos a trabajar a tu favor. En vez de enfocarte en un símbolo, es mucho más efectivo analizar los patrones oníricos que creas mientras duermes. Éstos son el reflejo más auténtico que hay en los sueños de tu vida cotidiana.

Los cien patrones oníricos descritos en este libro sugieren una variedad de pasos con los que puedes poner tus sueños en acción. A su vez, también podrás encontrar conexiones entre distintos patrones, con lo cual serás capaz de identificar historias cada vez más complejas. Tú puedes usar estos patrones más largos para construir áreas de entendimiento mucho mayores que te ayuden a entender cuáles son las acciones que debes llevar a cabo en tu vida cotidiana. Aún en los sueños más complejos y bizarros podrás encontrar los patrones que aquí se describen. Por ende, puedes utilizarlos para tener fundamentos firmes con los cuales entender los mensajes que tu inconsciente está creando para ti.

Por ejemplo, si sueñas que te están persiguiendo, entonces usualmente hay una tensión que debes resolver en tu vida diurna. Si sueñas que caes, esto muestra que hay una situación en la que necesitas relajarte y olvidar las preocupaciones. De tal modo, tener un sueño en el que primero te persiguen y luego caes de un risco sugiere que ya estás empezando a resolver algunas tensiones a nivel personal relajándote y despreocupándote en ciertas situaciones. Una vez que lo hagas por completo, puedes encontrarte con que sueñas que vuelas, ya que te estás liberando de una serie de imposiciones dictadas por ti y no cargas más ese peso en los hombros.

Además, puedes usar las respuestas de este libro por el camino inverso, es decir, de tu vida cotidiana a tus sueños. Si es común que trates de empacar muchas cosas en tu vida y si algunas veces estás ansioso por perder oportunidades más grandes, entonces es muy posible que sueñes que empacas interminablemente o que pierdes un avión; ambos patrones descritos en este libro. Estos sueños se pueden combinar, haciendo que te encuentres empacando ansiosamente todo lo que está a tu alrededor y preocupado por que vayas a perder tu vuelo. Conforme identifiques los patrones, podrás aplicar las acciones asociadas con cada uno de ellos a tu vida cotidiana.

Tu inconsciente es uno de los recursos personales más poderosos con los que cuentas. Continuamente está brillando a tu alrededor, reflejando preguntas y pistas que te pueden ayudar a darle sentido a tu día a día. Cuando tu experiencia te dicta una respuesta o cuando tienes una corazonada, una intuición, entonces puedes estar seguro de que estás usando el conocimiento acumulado en tu inconsciente. Si piensas que existen las coincidencias o que tienes demasiada suerte, lo que realmente puede estar ocurriendo es que inconscientemente reconociste un área de oportunidad. Los sueños y tu inconsciente te pueden ayudar mucho en tu vida diurna, pero un sueño que no se pone en acción sigue siendo eso: un sueño.

LUCES, ALMOHADAS Y... ¡ACCIÓN!

Poner tus sueños en acción empieza antes de que apagues la luz y te acuestes en la cama. Una parte fundamental para entender tus sueños es recordarlos. Hay muchas personas que están completamente convencidas de que no sueñan, pero están equivocados: todo mundo sueña ya que se trata de un proceso psicológico fundamental para la salud y el bienestar de tu mente. Durante los episodios REM del sueño (*rapid eye movement,* por sus siglas en inglés), acostumbramos soñar más vívidamente; así, cuando somos privados de los episodios REM, pronto se confunde nuestra mente y nos vemos impedidos para realizar cualquier actividad, por más simple que parezca. Aun cuando tiendes a olvidar tus sueños para ajustarte rápidamente a la realidad, hay una gran cantidad de pasos que puedes seguir para ayudarte a recordar tus sueños.

El primer paso para recordar tus sueños es crear un ambiente relajado para dormir. Es muy fácil que tu vida diurna se entrometa en tu vida onírica, así que necesitas sacar de tu cuarto todos los posibles distractores. Televisiones, computadoras y aparatos electrónicos pueden sobreestimular tu mente y dificultar tu entrada al mundo de los sueños. Asegúrate de que, cuando te acuestes, estés completamente relajado y, al momento de apoyar tu cabeza en la almohada, repítete las siguientes palabras: "Hoy sí voy a recordar mis sueños." Esto te ayudará a que sea más probable que retengas las imágenes y las experiencias de tus sueños.

Cuando te despiertes, cierra los ojos y trata de no moverte por un minuto. Permanece completamente quieto ya que, en el momento en que pongas tu cuerpo en movimiento, las imágenes de tus sueños se comenzarán a desvanecer. Pasados cinco minutos, casi la mitad de las imágenes se irán a tu inconsciente y, después de diez, prácticamente todas habrán desaparecido. Esto puede ser un reto si tienes que pararte de manera apresurada de la cama pero si tienes el lujo de permanecer un minuto inmóvil, entonces permite que las imágenes y los sentimientos de tus sueños emerjan a tu conciencia.

Al principio, puede ser difícil retener alguna imagen; en tal caso, concéntrate en tus sentimientos. ¿Te sientes feliz, ansioso, lleno de júbilo o frustrado? Conforme más consciente eres de tus sentimientos, más fácil será que las imágenes oníricas comiencen a aparecer. A su vez, en un principio éstas te podrán parecer muy vagas y confusas pero, conforme emerjan en tu conciencia, serás capaz de establecer conexiones entre ellas para armar una historia más completa. Mientras más lo hagas más conforme te sentirás al hacerlo, además de que te será más sencillo recordar lo que ocurrió en tus aventuras oníricas.

Puede parecer extraño que olvidemos nuestros sueños con tanta facilidad, aun cuando ellos nos den un entendimiento mucho más profundo y amplio de nuestra vida diurna. La razón evolutiva por la cual sucede esto es para que podamos reconocer entre nuestros sueños y la realidad. En el pasado, tuvimos que dar un paso adelante para salir de las cavernas y de los sueños y hacer frente a todas las amenazas que hacían peligrar la supervivencia de la humanidad. Sin embargo, conforme nuestros antepasados empezaron a pintar sus sueños en las paredes de las cuevas, mucho del sentido de nuestra existencia se depositó en símbolos colectivos, así es como fuimos recordando nuestros sueños y sus símbolos, los cuales también forman parte de la selección evolutiva.

INFLUIR EN TUS SUEÑOS

Aun cuando parezca que los sueños son experiencias que tú creas espontáneamente, la verdad es que puedes influir en ellos de múltiples maneras. Una de las maneras más positivas de hacerlo es tener intenciones positivas con ellos. Conforme recuestas tu cabeza en la almohada y piensas en que sí vas a recordar tus sueños, escoge una cosa en la que quieras soñar. Se puede tratar de algo que te interese particularmente o de alguna situación que te esté generando tensión. Los problemas que parecen imponderables por medio de la lógica son fáciles de resolver cuando se utiliza el conocimiento de tu inconsciente.

Entender las etapas del sueño también te ayudará a tener una influencia sobre tus sueños. La primera etapa del ciclo es conocida como la etapa hipnótica. Esta sucede cuando te empiezas a relajar y te sumerges en el sueño. Usualmente adquiere la forma de imágenes oníricas aparentemente azarosas, la gran mayoría extraídas de lo que te pasó durante el día. Conforme tu cuerpo se relaja, toda la tensión que se fue acumulando durante el día se desvanece y puedes sentir un pequeño tirón o tic cuando el último cúmulo de tensión termina de desaparecer. Este tirón es conocido como sacudida hipnagógica y puede producirte la sensación de que te estás cayendo de un precipicio, literalmente que te estás cayendo en el sueño.

Tus aventuras oníricas forman parte del ciclo del sueño. En una noche promedio, experimentarás cinco de estos ciclos, así que crearás cinco episodios oníricos. Los primeros episodios durarán de diez a quince minutos y la duración de cada sueño se incrementará de acuerdo con la etapa del ciclo en la que ocurra, hasta que llegues al último, el cual puede durar hasta 45 minutos. Cuando llegas al final del ciclo, pasas a través del umbral entre el sueño y la vigilia, conocida como etapa hipnopómbica. En este punto seguirás creando imágenes oníricas, a pesar de que estarás más consciente de lo que te rodea. Este es un excelente momento para practicar el sueño lúcido.

El sueño lúcido es la habilidad para darte cuenta de que estás soñando e influir conscientemente en lo que ocurre dentro de tu sueño sin despertarte. Las primeras veces que te das cuenta de que estás soñando pueden ser bastante frustrantes ya que tu ser consciente seguramente va a tratar de despertarte. Sin embargo, mientras más lo practiques, particularmente durante la etapa hipnopómbica, más podrás mantener tu lucidez e influenciar tus sueños. El uso más popular para el sueño lúcido es querer volar hacia algún destino exótico, así como provocar una experiencia erótica con alguien, ambas en el mismo sueño.

Aun cuando los sueños lúcidos pueden utilizarse para crear experiencias placenteras, también pueden ser utilizados para resolver tensiones de la vida cotidiana. El sueño lúcido no resolverá por sí mismo tus problemas, pero sí te ayudará a entender las causas que yacen en el interior de los conflictos. Parte de lo emocionante de los sueños lúcidos es darte cuenta de que tienes el poder de hacer lo que se te antoje en el mundo que has creado. Hacer uso del sueño lúcido te permite enfrentar situaciones de la vida diaria, empezar a darte cuenta de que tienes el poder para crear diariamente el mundo en el que quieres vivir.

LA SUSTANCIA DE LOS SUEÑOS

Una de las mejores maneras para influir en nuestros sueños es cuidar lo que comemos y bebemos, así como el resto de sustancias que le damos a nuestro cuerpo. Aun cuando tendemos a creer que los sueños sólo ocurren en la mente, las tensiones corporales y la incomodidad pueden influir en lo que soñamos. Existen muchos malentendidos sobre cómo lo que comes afecta a tus sueños y una de las mayores falacias que hay al respecto es que alimentos como el queso producen pesadillas. A pesar de que lo que comemos puede afectar nuestros patrones oníricos, el factor clave no son los alimentos en sí sino cómo los digiere nuestro cuerpo. Mientras más digerible sea lo que comamos, más relajado estará tu cuerpo cuando estés dormido. Como la mayoría de los alimentos grasosos, el queso es bastante difícil de digerir por lo cual puede ocasionar que nuestro sueño se entorpezca, produciendo así que no podamos dormir profundamente. Esto hace que estemos más conscientes de lo que recién soñamos y, ya que nuestro cuerpo no está completamente relajado, el contenido de nuestros sueños tampoco es muy relajante. Otras comidas, especialmente si son picosas o muy pesadas, pueden causar niveles similares de agitación, sobre todo si las tomamos en la cena.

Cualquier sustancia que impida que tu cuerpo se relaje puede hacer que tus sueños parezcan más vívidos e intensos. Uno de los más terribles es la aterradora pesadilla de la nicotina, la cual se produce por usar parches de nicotina mientras duermes. Fumar reduce la intensidad de los sueños y por ello cuando dejas de fumar tus sueños se vuelven increíblemente vívidos y realistas. Aquellos que recientemente acaban de dejar de fumar pueden llegar a experimentar los sueños más salvajes de su vida. Para ayudar a tu cuerpo a que se relaje y descanse, lo mejor es no usar parches de nicotina mientras duermes.

El alcohol es un depresivo y se usa mucho para inducir el sueño. Sin embargo, a pesar de que te ayuda a sentirte más relajado y te puede ayudar a dormir, sus efectos pronto dejan de ser sedantes y se convierte en un estimulante. El alcohol también es capaz de suprimir el sueño al inhibir los periodos REM del sueño, el cual es absolutamente necesario para soñar. Si tu etapa de sueño REM está temporalmente inhibida, pronto empiezas a tener periodos REM de repuesto, en los cuales tus sueños se vuelven mucho más vívidos, aterradores e intensos. Asimismo, procesar el alcohol también produce estrés psicológico, el cual se traduce en pesadillas y ansiedad mientras duermes.

Usar medicinas también puede ocasionar un sueño poco reparador y en experiencias oníricas muy vívidas. Irónicamente, una gran parte de estas medicinas son pastillas para dormir, las cuales tienen el objetivo de producir sueño profundo, pero las cuales pueden llegar a tener los mismos efectos que el alcohol, es decir, generar periodos REM de repuesto así como agitación. Por su parte, también los antidepresivos ocasionan la inhibición del sueño REM y, aun cuando esto se podría considerar como un buen resultado (ya que disminuyen las pesadillas), también ocasionan que las personas no puedan usar sus sueños en la vida cotidiana para resolver los problemas que están ocasionando la depresión.

LAS PESADILLAS

Las pesadillas pueden ser experiencias muy perturbadoras pero, en el fondo, una pesadilla es sólo un tipo de experiencia onírica en la que nuestras emociones están sobresaltadas y la situación se sale de nuestras manos. Aun cuando la pesadilla pueda parecer incontrolable, eres tú quien la está creando, por lo cuál también eres tú quien puede dar los pasos correctos para resolverla. La razón por la que creas una pesadilla no es asustarte o atormentarte, sino señalarte algo que está desbalanceado en tu vida cotidiana. Si intentas ignorar este desbalance, tu inconsciente incrementará el contenido emocional del sueño y lo hará cada vez más aterrador sólo para que tú le pongas atención.

El aspecto más perturbador de una pesadilla tal vez sea el sentimiento de que no tienes control sobre ella. Tal vez te sientas escarmentado de que tu inconsciente pueda iluminar algunas de tus frustraciones o de los problemas irresueltos de tu vida cotidiana. A pesar de que esto puede verse como un asunto terrorífico, de lo que en realidad se trata es de que tú estás intentando decirte algo que es de vital importancia y, por ende, mientras más rápido pongas atención al asunto, también más rápido se desvanecerá la pesadilla. Puede parecer más sencillo evadir los sueños que te causan miedo pero el beneficio de las pesadillas es que te ayudan a identificar soluciones para las frustraciones y las ansiedades que experimentas en tu vida cotidiana.

Estos mensajes los puedes encontrar al entender el contenido de los patrones oníricos de tus pesadillas. Muchos de los patrones descritos en este libro pueden ser experimentados como pesadillas y puedes hacer uso de las descripciones que aquí vienen para estar más consciente de qué es lo que las está originando. Esto te ayudará a reflexionar con mayor profundidad en una situación particular, así como para formular un plan para resolverla. Existe, sin embargo, una manera más directa para resolver una pesadilla, aunque requiere coraje y autocontrol.

Comúnmente, en las pesadillas hay un periodo en el que éstas se vuelven realmente aterradoras, por lo que te fuerzas a ti mismo a levantarte. Este momento es crucial y tu reacción instintiva es salir por completo de ella, por lo cual te despiertas. Este es el punto clave para lidiar con una pesadilla, pues es el momento en que estás enganchado en ella emocionalmente. En lugar de levantarte, busca cuál es el elemento más aterrador de la pesadilla y pregúntate qué es lo que quiere decir. Esto puede generar que la pesadilla se vuelva un poco más terrorífica por algunos segundos, pero te aseguro que, a cambio, obtendrás una respuesta clara y honesta.

Esta respuesta es la llave para librarte de la pesadilla, y puedes hacer uso de la información que te brinda para aplicarla en tu vida cotidiana. Las pesadillas son uno de los sueños que más cargados están de emociones y, por ende, al aplicar su mensaje en la vida cotidiana te puedes enfrentar a un reto emocional bastante complejo. Sin embargo, tu habilidad para crear imágenes oníricas tan poderosas y emotivas demuestra que tienes la fuerza y el poder para tomar acciones decisivas en tu vida diurna. Mientras más te familiarices con las pesadillas más podrás influir en tus instintos y tus emociones, en lugar de que sean éstos quienes te controlen a ti.

SUEÑOS CURATIVOS
Uno de los grandes beneficios de los sueños es que te ayudan a identificar los puntos de tu vida en los que hay tensión,

además de darte una respuesta para que puedas resolverlos. Esto se logra en la medida en que paralelamente tú explores las características de tu personalidad, así como tus creencias y necesidades. A pesar de que todo esto pueda parecer intangible, cualquier tensión en tu vida cotidiana puede hacerte sentir decaído, lo cual puede, a su vez, producir que te enfermes o te lastimes. En este sentido, la tensión física puede sentirse como dolores menores o graves que, en algunos casos, derivan en enfermedad, lo cual produce la necesidad de atención médica.

A su vez, además de ayudarte a curar ciertas enfermedades, los sueños también te dan mensajes para prevenir la llegada de otras. Estos sueños son conocidos como sueños premonitorios, del griego *pro domus,* es decir "para más adelante". Ya que el lenguaje de nuestros sueños es metafórico, los sueños que tienen que ver con una enfermedad particular no tratan literalmente de la enfermedad, por lo que debemos ser hábiles para detectar las imágenes oníricas y las pistas que sí nos dan. Por ejemplo, uno de mis pacientes tuvo un sueño recurrente sobre un extraño que construía una casa en el jardín de la casa de mi paciente, sin antes haberle pedido permiso para hacerlo. Esta nueva casa comenzó a proyectar una enorme sombra sobre la suya y empezó a producir problemas con las tuberías.

Además, mi paciente estaba sufriendo trastornos constantes en su manera de orinar, por lo que yo le sugerí que fuera al médico para hacerse un examen general de salud ya que la casa que el extraño estaba construyendo en su sueño podía representar el crecimiento interno de algo dañino. Gracias a los exámenes le encontraron un tumor superficial de vejiga. Sin embargo, tuvo que entrar a lista de espera para recibir la atención necesaria. Además de diagnosticar enfermedades, los sueños pueden participar en el proceso de curación, así, mi paciente y yo iniciamos un proceso de visualización para trabajar en lo que llegaba su turno para recibir la atención médica. Él era un buen ornitólogo y yo lo guié a través de una serie de visualizaciones en las que él se convertía en una poderosa águila dorada que atravesaba el cielo, por encima de la costa.

Juntos, simbolizamos las células cancerígenas como conejos pastando cerca del agua que, aunque en apariencia eran inofensivos, tenían el poder de multiplicarse descontroladamente. En su visualización, el águila dorada se lanzaba en picada, tomando uno por uno a los conejos. Después de realizar un par de veces esta actividad, él ya la podía continuar por sí mismo. Para el día en que llegó su turno para la operación, el crecimiento de las células había reducido tanto que la operación ya no fue necesaria. Este hecho se pudo deber al trabajo que hicimos juntos, o tal vez se debió al cambio en su estilo de vida y su dieta. Como sea, el sueño y la visualización le dieron un poderoso carácter curativo a la conciencia de mi paciente.

Al usar tus sueños para resolver problemas de desbalance en tu cuerpo, puedes empezar a curarte a ti mismo para reencontrar tu unidad. Los sueños y la salud siempre han estado interrelacionados; así, por ejemplo, se tiene registro de un sueño curativo del Emperador Amarillo, de la antigua China, que data de hace más de 4500 años. El precursor de la medicina moderna, Hipócrates, solía usar sus sueños como parte de sus diagnósticos. A su vez, el llamado juramento hipocrático hace referencia a Asclepio, el dios griego de la medicina y la salud, quien inspiró una serie de templos dedicados a los sueños. Las personas dormían en estos templos y podían curarse a sí mismos al usar sus sueños para recuperar su unidad perdida.

TU CUERPO EN LOS SUEÑOS

Aun cuando tu inconsciente puede parecer una cualidad que sólo está asociada con tu mente, en realidad se encuentra presente tanto a nivel físico como emocional. Más allá de las sensaciones más evidentes y de la consciencia física que tienes de tu cuerpo, también tu inconsciente está atento a él. A pesar de que tengas la impresión de que todo el tiempo eres consciente de tu cuerpo y tienes control de él, lo cierto es que muchas veces tu cuerpo gesticula, habla y se mueve sin que tú te des cuenta. Este conocimiento inconsciente de tu cuerpo es el cuerpo que adquieres mientras sueñas y encarna todos tus instintos naturales.

El cuerpo que adquieres en tus sueños personifica quién eres en realidad, qué es lo que necesitas y cómo puedes conseguirlo. Sin embargo, es muy común que lo ignores al forzar a tu cuerpo para que actúe de maneras que son poco naturales. Tratar de controlar conscientemente a tu cuerpo puede causar un gran cúmulo de tensión entre la persona que eres y la persona que quieres que la demás gente crea que eres. Nuestros cuerpos están vivos, son organismos que respiran y, algunas veces, en lugar de tratarlos como si se tratara de un lujo, los vemos como objetos a los que hay que sacarles el mayor provecho y lo más rápido posible. Si sueñas que algo le hace falta a tu vida, entonces tendrás tendencia en buscar confort por medio de los alimentos; así, en lugar de comer porque tienes hambre y necesitas nutrirte, comerás porque necesitas sentirte bien contigo mismo. Los sueños de necesidades insatisfechas se manifiestan en tus hábitos alimenticios, orillándote a comer más y más, aun cuando llenar tu cuerpo físico de comida no está resolviendo tus problemas emocionales.

Entender los significados y los mensajes de tus patrones oníricos te ayudará a identificar de manera positiva tus necesidades reales, así como a identificar tu verdadero valor. Mientras más atiendas a tus necesidades y cómo satisfacerlas, menos requerirás tener un control excesivo sobre lo que comes. Mientras más cómodo estés con tu cuerpo, menos fácil será que el resto de las personas te juzguen por tu apariencia. Puede parecer que, al relajar tu dieta, tu apariencia se vaya a salir de control, pero en este caso lo opuesto es lo cierto. Mientras más atención le pongas a tus verdaderas necesidades, más fácilmente emergerá el cuerpo sano y natural que posees en tus sueños.

LA MENTE EN LOS SUEÑOS

En apariencia, la mente es un área de tu cuerpo que está siempre consciente. Sin embargo, dentro de ella hay una mente distinta que es mucho más vieja y sabia y que, además, puede absorber y procesar inconscientemente pensamientos mucho más profundos, los cuales pueden servir como motivo de inspiración para generar grandes ideas. Esta mente dentro de tu mente es la que tienes en tus sueños y puede hacer algo que ninguna mente consciente, por más brillante que sea, puede hacer. Tu mente consciente trabaja a un nivel racional y requiere la certeza de la confirmación, mientras que la mente de tus sueños puede abrazar a la paradoja y a la posibilidad. En lugar de requerir hechos, la mente de tus sueños es capaz de crear conocimiento a partir de chispazos y fragmentos de información.

En este sentido, puede ser difícil tomar una decisión cuando se cuenta con la información incompleta, pero la mente de tus sueños sobresale al hacer cálculos con lo incierto y lo ambiguo. Esta cualidad hace que tu inconsciente sea proclive a dar pasos en lo desconocido, provocando así hallazgos novedosos. En lugar de seguir un proceso lógico que se desarrolla paso a paso y linealmente, la mente de tus sueños tiene un sentido mucho más profundo de tu mundo y los patrones que lo conforman, gracias a lo cual es muy hábil para hacer analogías. Así como las grandes mentes de científicos como Albert Einstein, Niels Bohr y Fiederich Kekulé, muchos otros han sabido usar la lucidez de la mente de sus sueños para desarrollar innovaciones tecnológicas que hubieran sido imposibles de alcanzar de otra manera.

A pesar de que una computadora pueda ser el aparato más racional y lógico jamás imaginado, dos de sus inventores, Charles Babbage y Ada Lovelace usaron su mente inconsciente para crearla. Babbage era profesor de matemáticas en la Universidad de Cambridge y muy seguido contaba cómo acostumbraba dormitar en las sesiones de la Sociedad Analítica. Conforme ensoñaba, con la frente recargada en una mesa de tabla, la mente de sus sueños estaba explorando a su vez con diferentes tablas: las de logaritmos. Mediante estas ensoñaciones, pudo desarrollar la Máquina de Diferencias, principio fundamental de lo que hoy son las computadoras modernas.

Por su lado, Ada Lovelace fue una condesa inglesa que trabajó con Babbage en la Máquina Analítica, la cual era una evolución de la Maquina de Diferencias y que ya podía correr ciertas aplicaciones. Lovelace padecía fiebres constantes, lo cual provocaba que tuviera sueños intensos y muy vívidos.

Durante estos sueños, descubrió que los números podían ser usados como símbolos y que la Máquina Analítica podía manipular estos símbolos de la misma manera en que lo hace la mente cuando sueña. Lovelace hizo uso de esta analogía para desarrollar una serie de cálculos con los cuales echar a andar a la Máquina Analítica. Por ello, hoy por hoy es reconocida como la primera programadora y autora de una aplicación para computadora.

Aun cuando estos avances puedan parecer producto de mentes geniales, lo que acostumbramos llamar "genial" es nada más y nada menos que algo distinto a lo acostumbrado. La mente de tus sueños puede abrir puntos de vista mucho más amplios; en este sentido, las ideas que hoy damos por hechas y racionales, en algún momento fueron nada más que un simple sueño. Cuando enfrentamos un problema, es común que nos aconsejen que lo consultemos con la almohada. Nuestros sueños son la parte más valiosa del acto de dormir. Cuando te sientas atorado en una situación, trata de distraer a tu mente consciente y permite que la mente de tus sueños trabaje por medio del planteamiento de una serie de soluciones alternativas.

LAS RELACIONES EN TUS SUEÑOS

Los personajes que creas en tus sueños reflejan las relaciones más significativas que tienes en tu vida diurna. Tú generas personajes en tus sueños para representar simbólicamente partes de ti mismo de las que no eres consciente. Ocurre lo mismo cuando en la vida diurna proyectas cualidades tuyas que te son desconocidas en los demás. Generalmente, la gente por la que te sientes atraído refleja cualidades positivas que tú posees pero de las cuales no te das cuenta. En cambio, las personas que no te caen bien reflejan esas actitudes que tú posees inconscientemente, pero que tu conciencia no puede soportar admitir que forman parte de ti.

Al mismo tiempo, tú también eres inconsciente de que los demás se están proyectando a sí mismos en ti, por lo que tratarás de esconder tus verdaderas características con tal de que sigas aparentando ser tan poderoso y bello como los demás creen que eres. Esto puede parecer una estrategia manifiesta para ejercer más influencia en los demás, pero lo que en realidad sucede es que, mediante esta negación de tu verdadera naturaleza, acabas mirando tu belleza indirectamente a través de lo que proyecta tu reflejo, en lugar de tener el coraje para verla de frente. La posibilidad de que poseas una belleza inusual dentro de ti puede ser perturbador, por lo cual intentas esconderla adoptando los criterios de belleza de las demás personas.

Cuando proyectas tus cualidades inconscientes en otras personas, instintivamente buscas el reflejo que ellas te devuelven. Conforme miras estos reflejos, inconscientemente juzgas lo que estás mirando y, a pesar de que creas que este juicio es sobre la otra persona, en realidad es un juicio hacia ti mismo. Si criticas a alguien porque es muy gritón y extrovertido, entonces tal vez haya una parte de ti que es muy extrovertida y que se quiere expresar, parte de ti que te rehúsas a aceptar como tuya. Se trata de un mecanismo natural de defensa propia con el que te deshaces de comportamientos que te pueden hacer sentir mal o vulnerable.

Sin embargo, al seguir proyectando tus características inconscientes en los demás, es fácil encontrarte en medio de relaciones en las que juegas siempre el mismo papel, repitiendo una y otra vez la misma historia. Aun cuando tus parejas cambien, siguen siendo el mismo espejo en el que tú proyectas una serie de características que en algún momento deberás aceptar y reconocer como tuyas. En la vida cotidiana puede ser difícil darse cuenta de todo esto pero en tus sueños es muy fácil identificar el patrón que han seguido tus relaciones. Al entender a los personajes que aparecen en tus sueños y de los cuales tú eres el creador, podrás empezar a darte cuenta de qué tipo de personas son las que realmente quieres atraer a tu vida.

Poner atención a las relaciones de tus sueños no sólo te ayudará con tus relaciones de pareja o de amistad, también te permitirá darte cuenta de cómo entras en contacto con las demás personas en tu trabajo o en tu vida social; así, en lugar de tratar de saber quién eres por medio de la mirada de los demás, te vuelves más consciente de quién eres realmente y de cuáles son tus necesidades. Además de darte la oportunidad de acercarte más a una persona determinada, uno de los grandes beneficios de las relaciones es que te ayudan a explorar tu ser más profundo.

EL VIAJE DE TUS SUEÑOS
Los sueños que tienen que ver con la muerte o el nacimiento suelen ser una de las experiencias más intrigantes y aterradoras que podemos llegar a tener. Estos sueños, en los que uno nace o muere, pueden ser muy perturbadores, particularmente si tratamos de comprenderlos literalmente y los relacionamos con nuestro nacimiento real o con nuestra futura muerte. Sin embargo, los sueños en los que nuestra vida empieza o concluye son invariablemente cíclicos, y se refieren al principio o al fin de una situación específica de nuestra vida cotidiana. Estos ciclos pueden ser cortos y transito-

286

rios, parecidos a la respiración que acabas de tomar cuando leías esto, o largos y duraderos, como tu continuo viaje a través de la vida. Siempre, sea lo que sea que estemos haciendo, habrá un principio y un fin.

Casi todas las culturas del mundo usan la metáfora del nacimiento para referirse al principio de algo nuevo, y de la muerte para simbolizar el fin y la transformación del ciclo, el cual deviene en una nueva etapa. Los sueños en los que se da a luz anuncian el principio de una idea que espera madurar. Siempre que sueñes algo que tenga que ver con un nacimiento, esto se debe a que estás a punto de embarcarte en una nueva etapa del viaje que es tu vida. Asimismo, tu inconsciente pudo haber registrado las evidencias físicas y el comportamiento de alguien que se encuentra embarazada, lo cual provoca que esta información llegue hasta tus sueños.

Aun cuando tus sueños sobre nacimientos pueden ser placenteros y disfrutables, los sueños que tienen que ver con la muerte y el morir pueden entristecerte y causarte un profundo dolor; así, cuando tienes sueños al respecto, te sientes ansioso y temeroso. Sin embargo, los sueños en los que tú o alguien más muere muy raramente son sueños premonitorios. En lugar de eso, son reflejo de transformaciones fundamentales en tu vida cotidiana. Cuando sueñas con la muerte estás reflejando en alguien o en algo más un cambio significativo que está ocurriendo en tu vida. Esto puede significar un gran cambio; por ejemplo: renunciar a tu viejo trabajo para ocupar uno nuevo.

Un sueño sobre la muerte también sugiere que es momento de avanzar y hacer algo distinto, ya que tu situación actual ha llegado a un camino muerto y necesitas volver a darle vida a tus sueños y aspiraciones. Puede ser que estés a punto de abandonar la seguridad de tu hogar para embarcarte en una nueva aventura, o quizá te sientes atrapado en una relación que ya no te está nutriendo. Conforme transformas tu vida cotidiana, generalmente comienzas a tener sueños sobre embarazos, nacimientos e hijos exuberantes. En estos sueños te regocijas por la vida que dejaste para luego abrazar la que se aproxima.

Además, los nacimientos y las muertes que experimentas en tus sueños también llaman tu atención para que te fijes en el viaje que realizas entre el principio y el fin de cada uno de los eventos significativos que ocurren en tu vida. Mientras más consciente seas del viaje en el que actualmente te encuentras, más fácil te será identificar de dónde vienes y a dónde vas. En lugar de enfocarte en la pena de lo que pudo ser o el miedo de lo que nunca será, puedes empezar a apreciar la gran travesía en la que te encuentras y en cómo esta te puede acercar a tener la vida de tus sueños.

LA VIDA DE TUS SUEÑOS

En mi experiencia como psicólogo de los sueños, he sido afortunado por trabajar con muchos pacientes que aparentaban ser muy exitosos. Para el observador poco experimentado, estas personas parecían tener todo lo que habían soñado, además de la riqueza y la fama que suelen acompañar al éxito. Sin embargo, detrás de todo el brillo y el glamour, muchos de ellos sufrían depresión y abatimiento. En la medida en que exploramos sus sueños, nos encontramos con que, en comparación con su vida real, estas personas eran completamente distintas en sus sueños. Una y otra vez escuché decir cosas como: "Con eso pago las cuentas, pero no me gusta hacerlo", o "por alguna razón, siento que me extravié en algún punto".

Lo mismo nos pasa al resto de nosotros, con todo y nuestra vida ordinaria y alejada de los reflectores. Empezamos con grandes esperanzas de lo que queremos ser y enormes ambiciones sobre las maravillosas personas que nos van a acompañar en la aventura de la vida. Soñamos con la riqueza que vamos a adquirir y las historias que contaremos acerca de nuestras hazañas. Sin embargo, unos años después, nos estamos preguntando cosas como: "¿Por qué me dedico a hacer esto?", "¿qué significado tiene lo que hago día con día?", y "¿por qué me causo tanto daño e infelicidad a mí mismo?"

Todos tenemos historias de vida únicas, las cuales vivimos en nuestra realidad cotidiana, pero también todos cargamos con imágenes idealizadas de lo que creemos que nuestra vida debería llegar a ser. Esta visión personal de una vida perfecta es comúnmente referida como "la vida de tus sueños", pero, por más que trabajemos y nos sacrifiquemos para conseguirla, esta vida de ensueño parece simplemente inalcanzable. Sin embargo, la ruta más corta y segura para alcanzarla es reconociendo lo que pasa en nuestro inconsciente, lo cual se terminará manifestando en nuestra realidad exterior.

Al entender los sueños de la noche que inconscientemente generas, empiezas a escuchar la historia de la persona que realmente eres y a dónde quieres llegar con tu vida, así como a clarificar el camino que debes seguir para alcanzar tus metas. Esto te proveerá de un profundo nivel de autoconciencia que revelará cómo puedes poner en contacto a tu futuro idealizado con la realidad de tu vida actual. A veces es muy sorprendente darse cuenta de lo cerca que están algunos de tus más grandes sueños, los cuales sólo requieren un compromiso decisivo o un cambio de perspectiva para volverse realidad.

Conforme tu historia de vida se empieza a convertir en la historia de tus sueños, te encontrarás con que has empezado a vivir la vida de tus sueños. Si, en cambio, tratas de esconderte de tus sueños, ellos seguirán buscándote hasta que tú les hagas caso y, al menos, puedas decir con claridad tus verdades. En la medida en que tus sueños te encuentren, te empezarás a dar cuenta de que en realidad la vida de tus sueños no es aquella que te pintan en los anuncios de televisión. En lugar de eso, lo que necesitas es vivir *tu* sueño, ese gran sueño único que sólo tú puedes soñar.

VIVIR TUS SUEÑOS

Cuando soñamos, millones de años de evolución se encuentran con las minucias que nos ocurren minuto a minuto en nuestras vidas cotidianas. Los seres humanos nos hemos desenvuelto como creaturas que sueñan; seres que no sólo tienen la experiencia de vivir una vida sino que también cuentan con la experiencia de las generaciones que nos antecedieron y las posibilidades de los que nos seguirán. Los sueños nos llevan al límite de lo que conocemos, iluminan todas nuestras oportunidades y atestiguan todos nuestros logros. Ellos son el valor más preciado que tenemos pues nos invitan a aventurarnos en el misterio de quiénes somos en realidad, hacia dónde vamos y cómo llegar ahí.

Soñamos para recordar nuestra verdadera identidad y para entender a la persona en la que nos hemos convertido. Soñamos para entrar en contacto con nuestros dones y con las ideas que poseemos, pero que tendemos a ignorar o a negar. Soñamos para jugar con nuestro futuro potencial y nuestras posibilidades. Nuestros sueños coleccionan y establecen conexiones entre todos los fragmentos de lo que hemos vivido y lo que queremos vivir, tejiendo todos estos pedazos en una historia que posee un sentido. Al comprender las historias que creamos en nuestros sueños, podemos empezar a comprender nuestra singularidad y a celebrar nuestras cualidades.

Vivir tus sueños no se puede lograr siendo sólo un simple observador, evaluando tu situación desde la distancia. Poner un pie en tus sueños es la única manera de encontrar a la persona con quien sueñas ser; para realmente vivir tus sueños, primero necesitas permitirte hacer una inmersión en un nivel más profundo de conciencia. Tu inconsciente está continuamente tratando de que te conectes con tu ser onírico, ese ser más grande que yace detrás de tu ser consciente y que fácilmente puede ser ignorado. Mientras estés más en contacto con el mundo que hay tras la realidad, más profundamente entrarás en contacto con tu verdadero ser.

Todas nuestras relaciones, nuestras prácticas espirituales y el arte que hemos creado está motivado en el deseo de trascender nuestro ser carnal para comunicarnos con algo que está más allá del plano físico. Los grandes logros de la humanidad han empezado con un simple destello: el sueño de cómo las cosas podrían llegar a ser si fueran de otra manera. Puede ser muy sencillo minimizar la importancia de nuestros sueños arguyendo que se trata de azarosos parpadeos en el océano de nuestros cerebros. Sin embargo, estar consciente de nuestros sueños y poder convertirlos en realidad es la esencia de nuestra condición humana. Nuestros sueños nos conectan a todos. Mientras soñamos, creamos mundos que todos podemos reconocer.

Mientras lees estas palabras, tu inconsciente está trabajando aunque tú no te des cuenta, encendiendo alguna de las más de 100 mil millones de neuronas que colectivamente forman nuestro cerebro. Consideradas individualmente, la acción de nuestras neuronas puede parecer azarosa y sin un sentido muy profundo, sin embargo, ellas trabajan coordinadamente y es así, mediante la acumulación, que su actividad adquiere significado. Cada una de las células de tu cerebro se conecta instintivamente con otras neuronas, permitiendo que emerjan los patrones y los temas que te son familiares. Tus sueños son las historias de todas esas conexiones, así como de las posibilidades que ofrecen para ti.

Acerca del autor

Ian Wallace es un calificado psicólogo que se especializa en los sueños y en el acto de soñar. Aparece regularmente en la televisión y en la radio, así como en los medios impresos, donde es particularmente reconocido por su elocuencia, su precisión y su autoridad en la materia. Ian tiene un conocimiento enciclopédico de sueños y del proceso de soñar basado en su análisis de más de 100 mil sueños. Además, tiene más de 30 años de experiencia, en la cual ha puesto en práctica sus conocimientos de manera constante y exitosa. Tiene una sólida formación académica en la teoría psicológica del sueño, así como la habilidad para articular estos complejos principios científicos de una manera atractiva y accesible para todo tipo de público. Por ello, logra darle vida a la experiencia que significa soñar, de modo que el soñador pueda realmente adueñarse de su propio sueño y sacar una utilidad práctica de los mensajes que extrae de él.

Además de trabajar personalmente con distintos pacientes, muchos de ellos personas de fama mundial, Ian trabaja con grupos más grandes y personal de distintas corporaciones. Es fundador de Dream Organization, el cual ayuda a que las empresas y los negocios entren en contacto con su verdadero propósito y su potencial al hacer tangible sus posibles futuros. Así, el rango de sus actividades va desde hacer diagnósticos hasta realizar talleres y conducir sesiones de inmersión en grupo. Con esto, el revolucionario trabajo que realiza Dream Organization está basado en Archegyre, un modelo de comportamiento humano creado por Ian que describe todos los aspectos de la experiencia humana y el cual se acompasa con la expansión de la conciencia mediante la conexión entre la sabiduría de nuestros antepasados y la investigación psicológica moderna.

Este ejemplar se terminó de imprimir en Febrero de 2012
En Impresiones en Offset Max, S.A. de C.V.
Catarroja 443 Int. 9 Col. Ma. Esther Zuno de Echeverría
Iztapalapa, C.P. 09860, México, D.F.